한 마 당 글 집 1

지식인을 위한 변명

싸르트르 지음/조영훈 옮김

• 옮긴이
조영훈

1953년 출생.
한국외국어 대학교 불어과 졸업.
동대학원 박사과정 수료.
파리 8대학에서 논문 『싸르트르와
자유의 길-전쟁의 글쓰기 Sartre et Les
chemins de la liberté-Une problématisation
de la guerre』로 박사학위 취득.
현재, 전남대학교 사범대 불어교육과 교수.

이 책은
1965년 9월과 10월에 걸쳐
일본 동경과 경도에서 행한
세 차례의 연속 강연을
수록한 것이다.

▓ 차례 ▓

제1부 지식인이란 무엇인가? … 7

  1. 지식인이 처한 상황 … 9
  2. 지식인이란 무엇인가? … 16

제2부 지식인의 기능 … 49

  1. 모순 … 51
  2. 지식인과 대중 … 70
  3. 지식인의 역할 … 79

제3부 작가는 지식인인가? … 97

  ◆ 옮긴이의 말 … 137

제 *1* 부
지식인이란 무엇인가?

1. 知識人이 처한 상황

지식인에 대한 사람들의 비난만을 생각하다 보면 지식인들이야 말로 엄청난 죄인들인 것처럼 보인다. 더욱이 어느 나라에서고 지식인들에 대한 비난이 동일한 것이라는 사실은 충격적이다. 예를 들어 내가 읽은 적이 있는 여러 가지 일본 신문과 잡지들―서양인들을 위해 영어로 번역된―에 의할 것 같으면, 명치(明治)이후, 지식인과 정치권력은 분명히 분리되어 있었음을 알 수 있다. 그러다가 2차 세계대전 이후, 특히 1945년에서 1950년에 걸치는 기간에 지식인들이 정권을 장악한 뒤에는 많은 해악을 끼쳤다고 한다. 같은 시기의 프랑스 신문을 보면, 프랑스에서도 역시 지식인들이 정권을 잡고 통치를 하면서 여러 가지 재앙을 불러 일으킨 것처럼 보인다. 이 시기는 두 나라 모두 전쟁의 참화―프랑스에서는 그것을 승리라 부르고, 일본에서는 패배라고 부르고 있지만―가 지나간 뒤 냉전의 상황을 틈타 사회의 재무장화(再武裝化)가 이루어지고 있었던 때다. 지식인들은 이러한 변화에 대해 전혀 무감각했던 것 같다.

프랑스에서와 마찬가지로 일본에서도 지식인들은 동일한 이유 때문에 비난을 받고 있는데, 이 비난의 이유라는 것들이 매우 난폭할 뿐만 아니라 그 자체 상호 모순되는 것들이다.

사람들은 지식인의 본분이란 문화를 보존하고 전수하는 것이며, 따라서 그들은 본질적으로 〈관리인〉정도에 지나지 않는데도, 자기의 직분과 역할을 오해한 나머지 비판적이고 부정적인 태도를 지니게 되었으며 또한 끊임없이 권력과 충돌하면서 자기 나라 역사의 부정적인 면만을 보았다고 이야기한다. 결국 그들은 〈만사 *tout*〉를 잘못 판단했는데 이것이 대수로운 문제는 아니지만, 중요한 시기에 처할 적마다 그들이 민중을 오도한 것이 문제라는 것이다.

민중을 오도한다고! 이것은 말하자면 민중이 스스로의 이익에 등을 돌리도록 한다는 뜻이다. 그렇다면 한 나라 안에서 지식인들도 그 나라의 정부와 마찬가지로 일정한 권력을 행사할 수 있다는 것일까?

그렇지는 않다. 사람들은 지식인의 행위와 직능의 테두리가 문화적 보수주의라고 생각하며, 지식인들이 이 테두리를 넘어섰다고 생각되기만 하면 즉시 쓸데없는 헛수고를 한다고 비난하는데 사실 이 비난은 옳은 것이다. 생각해 보라. 지식인들의 말에 누가 귀를 기울여 줄 것인가? 더욱이 그들은 본질적으로 무력한 존재들이다. 그들은 전혀 〈생산〉하지 않으며, 기껏 봉급에 의존하여 먹고 사는데, 그 때문에 지식인들은 정치사회에서는 물론 일상적인 생활 속에서도 자신을 지킬 수 있는 가능성이 박탈되어 있는 것이다.

그러므로 그들은 힘도 없고, 언제 어떻게 될지 모르는 자들이다. 경제적 힘도, 사회적 힘도 가지지 못한 그들은 자기들 자신이 만사를 판단하도록 부름받은 엘리트라고 자처하는데 사실은 그렇지가 못하다. 거기에서 그들의 도덕주의와 이상주의가 비롯되는 것이다. (그들이 자기들이 앞으로 다가올 먼 미래를 이미 살고 있는 것처럼 생각하며, 지금 이 시대를 미래라고 하는 극히 추상적인 관점에서 판단한다).

거기에 또 지식인의 〈독단주의〉가 운위된다. 그들은 사람들이 해야 할 일이 무엇인가를 결정할 때는 신성불가침의 절대적 원칙, 그러나 매우 추상적인 원칙을 들먹거린다는 것이다. 이 원칙이란 물론 맑시즘을 의미한다.

이렇게 되면 사람들의 비난은 다시 한번 모순에 빠지게 된다. 왜냐하면 맑시즘은 기본적으로 도덕주의와 대치되는 것이기 때문이다. 그런데 사람들은 지식인들 자체에 이 모순이 존재한다고 여기기 때문에 별달리 거북스럽게 여기지는 않는다.

어쨌든 사람들은 정치인들의 현실주의를 지식인들에게 보여주려 할 것이다. 지식인들이 자기들의 기능, 자기들의 존재이유를 저버리고 《끝없이 부정하려는 정신》과 자신을

● 지식인을 위한 변명

동일시하고 있는 동안, 일본에서건 프랑스에서건 정치인들은 전쟁으로 폐허가 된 국가를 조용히 재건함으로써 분별있는 경험주의—서구 세계의 전통과, 어떤 경우에는 서구 세계의 새로운 경험 (또한 이론)과 정확히 연결된—를 증거해 주었다는 사실을 말이다.

이런 관점에서 지식인을 비판하는 태도는 일본보다도 유럽의 경우가 훨씬 가혹하다. 일본에서는 지식인을 일종의 〈필요악〉으로 간주하고 있다. 문화를 보존하고 전수하며 풍성하게 하기 위해서는 지식인들이 필요하며, 어떤 지식인들은 항상 위험인물로 남아 있겠지만 그들의 경우에는 그들이 가지고 있는 영향력을 배제하기만 하면 충분하다는 태도다. 반면 프랑스에서는 지식인들의 몰락이 이야기되고 있다. 미국식 사고의 영향을 받은 프랑스 사람들은 모든 것을 아는 체하는 이들 지식인들이 사라지게 될 것이라고 예언하고 있는 것이다. 과학의 진보는 결국 이 보편주의자들을 극도로 전문화된 여러 집단의 연구자들로 대치하게 될 것이라고 한다.

그 자체의 모순점들에도 불구하고 이 모든 비판들에 공통적으로 존재하는 어떤 의미를 찾아내는 일이 가능할 것인가? 가능하다. 그것은 이 모든 비판 속에는 공통적으로 한가지 근본적인 비난이 깃들어 있다는 사실이다. 그 비난이란 〈지식인이란 자기와 관계없는 일에 참견하려 드는 작

● 제 *1*부 지식인이란 무엇인가?

자〉이며 사람들이 옳다고 받아들인 진리와 그 진리를 바탕으로 이루어진 행위 전체를, 인간과 사회라고 하는 보편적 개념—사회가 발전돼 나가고 그에 따라 생활양식과 사회적 기능 및 구체적인 문제점들의 고도한 다양화가 그 특징이 되어 가고 있는 오늘날에 있어서는 사실상 불가능하고, 때문에 추상적이고 그릇된 개념인데도—을 내세워 부정하려 드는 자들이라고 하는 것이다.

그런데 지식인이 자기와 무관한 일에 끼어들려고 하는 작자라는 것은 〈옳은〉 이야기다. 사실 프랑스에서는 드레퓌스 Dreyfus 사건*이 일어났을 당시,《지식인》아무아무개라고 하는 말이 그 부정적 의미와 함께 유행하기조차 했었다. 반(反)드레퓌스 파의 입장에서 볼 때 드레퓌스 대위가 무죄석방 되느냐, 유죄판결을 받느냐 하는 문제는 군사법정이 관여할, 따라서 결국 〈국가〉가 관여할 문제였다. 그런데 드레퓌스 옹호자들은 피의자의 결백을 확신한 나머지 〈자기들의 권한 바깥에까지〉 손을 뻗은 것이다. 그러므로 본래 지식인들 전체는 지적 능력과 관계되는 일 (정밀과학, 응용과학, 의학, 문학 등)을 통해 어느 정도의 명성을 얻고, 이 명성을 〈남용하여〉 자기들의 영역을 벗어나 인간이라고

---

*1894년 프랑스 참모 본부에서 일어난 매국의옥(賣國疑獄) 사건. 독일 스파이 혐의를 받아 재판에 회부된 드레퓌스 대위에 대한 오심(誤審)을 둘러 싸고, 작가 에밀 졸라 E. Zola를 비롯한 자유주의적인 지식인과 군부 및 우익 국수주의자들이 대립하여 1890년대의 프랑스 제3공화국을 뒤흔든, 사회·정치적인 큰 사건으로, 세계의 이목을 집중시켰음.

• 지식인을 위한 변명

하는 보편적이고 독단적인 개념 (막연하건, 명확하건, 도덕주의적이건 맑스주의적이건)을 내세워 사회와 기존 권력을 비판하려 드는 여러 종류의 사람들을 의미하는 것 같다.

지식인에 대한 이러한 공통된 개념의 보기를 하나 들어 볼까 한다. 만약 어떤 학자들이 핵전쟁용의 완벽한 군사무기를 만들기 위해 핵분열에 관한 연구를 하고 있을 경우 사람들은 그들을 《지식인》이라고 부르지는 않을 것이다. 그들은 그저 학자일 뿐이다. 그러나 만일 이 학자들이 자기들의 힘을 빌어 만들어지는 핵무기의 파괴적 능력에 전율을 느낀 나머지 서로 회합하여 국민의 여론이 핵무기의 사용에 대해 경각심을 갖도록 하기 위한 선언문을 작성하고 서명했을 경우 그들은 지식인이 되는 것이다.

과연 첫째, 그들은 자기들의 권능의 한계를 넘어섰다. 폭탄을 제조한다는 것과 폭탄의 용도에 대해 판단을 내린다는 것은 별개의 문제이니까.

둘째, 그들은 사람들이 인정해 준 자기들의 명성과 권능을 남용하여 여론에 압력을 가했다. 그리고 그렇게 함으로써 그들의 과학 지식과 그들이 제조해 낸 무기에 대한 자기들의 〈정치적〉 판단―〈별개의 원칙들〉을 토대로 형성된―사이에 가로놓인 넘을 수 없는 심연을 감추고 있다

• 제1부 지식인이란 무엇인가?

셋째, 그들이 폭탄의 사용을 반대하는 것은 기술적인 미비함을 확인했기 때문이 아니다. 그들은 인간생명을 최고의 판단기준으로 삼고 있는, 얼마든지 이론의 여지가 있는 가치체계를 내세우면서 반대하고 있는 것이다.

지식인에 대한 이와 같은 근본적 불만들은 어떤 의미를 지니는 것일까? 그것은 사실과 일치하는 것일까? 이에 대한 해답을 얻기 위해 우리는 먼저 지식인이란 〈무엇인가〉를 묻지 않을 수 없다.

2. 知識人이란 무엇인가?

지식인이 〈그 자신의〉 권능의 한계를 넘어섰다는 이유로 비난받는 것을 볼 때 지식인이란 사회적으로 〈인정된〉 기능에 의해 그 존재가 규정되는 사람들 중의 한 특수한 경우라고 여겨진다.

이것이 무엇을 의미하는가를 살펴보기로 하자.

모든 〈실천 praxis〉 속에는 몇 가지 계기 moment가 포함되어 있는 법이다. 행동은 〈지금 있는〉 것—현실의 場은 〈변화시켜야 할〉 상황으로 주어진다—을 〈아직 없는〉 것—도달해야 할 목표, 최후의 분석을 통해서 생명을 재창조하기 위해 상황의 1차적 조건들을 재분류하는 것—을 위하여 부분적으로 부정하게 된다.

그러나 이러한 부정은 폭로 행위를 뜻하며, 〈지금 있는 것을 가지고, 아직 없는 것〉을 실현하는 것이기 때문에 일종의 긍정을 수반하게 된다. 아직 없는 것을 준거로 삼아 지금 있는 것을—그 허울을 벗기면서—파악하기 위해서는 최대한의 정확성이 필요하다. 왜냐하면 아직 존재하지 않는 것을 실현하기 위한 수단을 이미 주어진 것에서 찾아내야 하기 때문이다 (어떤 건축 재료가 갖추어야 할 강도(强度)는 그것에 가해지는 압력의 크기에 의해 드러난다).

이처럼 〈실천〉은 현실을 드러내고, 극복하고, 보존하며, 그러면서 이미 그것을 수정해 버리는 실용적 지식의 계기를 포함하고 있다. 탐구와 실용적 진리는—이 진리는 따라서, 자기를 어떤 방향으로 변화하게 하는 가능성을 자신 속에 포함하고 있는 것으로서 존재를 파악하는 것이라고 정의된다—이러한 수준에서 위치하고 있는 것이다. 진리는 비존재(非存在)로부터 출발하여 존재에 도달하고 실천적 미래로부터 출발하여 현재에 이른다고 할 수 있겠다. 이러한 관점에서 보면 〈실현된〉 기도(企圖)는 발견된 가능성들이 〈옳았다〉는 것을 증명해 주는 것이다 (구체적인 예를 들어 만약 내가 가교(假橋)를 지나 강 건너편으로 갈 수 있었다면 그것은 선택되고 결합된 건축재료가 예상된 만큼의 강도를 갖추고 있었기 때문이다). 이러한 사실에서 볼 때 실용적 지식은 우선 발명과 창조에 이어지고 있는 것이라고 해야 할 것이다.

가능성들이 발견되고, 사용되고, 증명되기 위해서는 우선 그 가능성들이 〈발명(창조)되어야〉 한다. 이러한 의미에서 모든 인간은 〈투기(投企) project〉이다. 그는 아직 존재하지 않는 것에서 출발하여 이미 존재하는 것을 발명했다는 점에서 〈창조자〉이며, 일을 훌륭하게 성사시키기 위해서는 여

•지식인을 위한 변명

러 가지 가능성들을 엄밀하게 파악해야만 하기 때문에〈학자〉이고, 또 탐구가이자 이의를 제기하는 도전자이기도 하다 (왜냐하면 제시된 목표가 추상적인 한에 있어서는 그것은 도식적으로 그 실현 수단을 지시해 줄 뿐이며, 따라서 그는 자신의 탐구를 통해 구체적인 수단을 찾지 않으면 안되기 때문이다).

 이렇게 하면 결국 변증법적으로 그 수단에 의해 목표가 보다 분명해지고, 때로 수정됨으로써 보다 풍성한 것이 되기도 한다. 이것을 수단을 가지고 목표를, 목표를 가지고 수단을 검토하여 마침내는 목표가 쓰여진 여러 수단의 통합적인 단일체(單一體)가 되도록 한다는 것을 의미한다.

 그 뒤에는 이 일이 할 만한 것인가를 결정해야만 한다. 다시 말해서 통합된 목표―〈삶〉이라고 하는 보편적 관점에서 생각된―가 그 목표의 실현에 필요한 거대한〈에너지 전환〉을 치를 가치가 있는 것인가, 얻을 수 있는 이익이 힘을 소비할 만큼 보람있는 것인가를 결정해야 되는 것이다. 왜냐하면 우리가 살고 있는 세계는 어떤 종류의 소비도 어느 면에서는 쓸데없는 낭비처럼 여겨지는 궁핍한 희소성의 세계이기 때문이다.

 근대 사회의 분업은 여러 집단으로 하여금 각기 서로 다른 일거리를 갖도록 하게 되었는데 이 모든 것이 한데 모아질 때〈실천〉이 이루어지는 것이다. 그래서 우리들의 관심은 실용적 지식을 가진 전문가들을 배출하는 데 쏠리게 되었다. 다른 말로 하자면, 행위의 한 계기인〈드러내는〉일

● 제 *1* 부 지식인이란 무엇인가?

    이 특수한 집단에 의해서, 또 그 집단 속에서, 고립되어 나오게 되고 그 자체로 존립하게 되었던 것이다.
    목표는 지배계급에 의해 결정되고 노동계급에 의해 실현되지만, 수단을 연구하는 일은, 콜린 클라크 Colin Clarke*가 3차 산업이라 부르는 직종에 속하는 학자, 기사, 의사, 법률가, 법학자, 교수 등등의 일군의 기술자들에게 남겨지게 되었다. 이들은 개인으로 볼 때는 다른 사람들과 구별되지 않는다. 왜냐하면 그들 각자가 무슨 직업에 종사하건 자신의 존재를 정비하려는 저마다의 투기를 통해 자기 존재를 초월하면서 그 존재를 드러내고 보존하는 것은 마찬가지이기 때문이다.
    그러나 그들에게 부여된 사회적 기능은 가능한 것들의 장(場)을 비판적으로 검토하는 데 있으며, 목표에 대한 판단이나 또 대부분의 경우 그 실현도 그들에게는 무관한 일이 되어 있다 (예외적인 경우도 있다. 가령 외과 의사의 경우가 그렇다). 실용적 지식을 가진 이들 전문가 모두가 그대로 지식인인 것은 아니다. 그러나 지식인은 다른 어디서도 아닌 바로 이들 속에서 생겨난다.

---

*영국의 경제학자, 통계학자. 주요 저서「경제진보의 여러가지 조건 The Conditions of Economic Progress」에서, 각국의 통계를 이용하여 국제단위라는 통계학적 조작(操作)에 의해 국민소득의 국제적 비교를 했는데, 그 속에서 산업을 제1차, 제2차, 제3차로 나누고, 또 제2차에서 제3차 산업에로 비중이 옮겨가는 것을 실증적으로 밝혀서, 그것을「페티의 법칙」이라고 명명했다.

• 지식인을 위한 변명

그들이 누구인가를 보다 잘 이해하기 위해서, 프랑스의 경우 그들이 어떻게 출현했는가를 살펴보도록 하자. 약 14세기경까지 교회의 성직자는 또한 지식의 소유자이기도 했다. 봉건영주건 농민이건 글을 아는 사람은 없었다. 독서는 〈성직자의 일〉이었다. 하지만 교회는 경제적 힘(엄청난 재산)과 정치적 힘(영주간에 전쟁이 일어나면 교회는 일정기간 휴전을 명령할 수 있었고* 대부분의 경우 이 명령은 잘 지켜졌다는 사실로 이것이 증명된다)을 가지고 있었다. 교회는 그 자체로서 기독교라고 하는 하나의 〈이데올로기〉, 교회를 표현해 주며 또 타계급에게 가르쳐지기도 한 이데올로기의 수호자였다.

성직자는 영주와 농민 사이의 매개자였으며 그는 그들이 자신과 공통된 이데올로기를 가지고 있다고 인정될 때에만 (혹은 그들 스스로가 자기들이 교회와 공통된 이데올로기를 가지고 있다고 믿고 있을 경우에만) 서로의 존재를 확인할 수 있도록 해 주었다. 그는 교리를 보존하고, 전통을 전수하거나 또 적당히 개조하기도 했다. 교회 안에 있는 그는 지식을 지닌 전문가가 될 수는 없었을 것이다. 그는 이 세계에 대

---

* 「神의 휴전 la tréve de Dieu」
  11세기에 교회의 명령으로 이루어지던 영주간의 휴전. 특정기간 일체의 무력행사를 금한 것으로서 그 기간은 수요일 밤부터 월요일 아침까지였는데 나중에는 四旬節과 降臨節 사이, 혹은 그 밖의 聖徒의 축일이 가해져서 1년의 3/4이 그 가운데 포함되었다. 이것은 교회가 국가의 평화확보기능을 대행한 것이라고 할 수 있다.

한 신화적 이미지를 제공해 주었다. 교회의 계급 의식을 표현하고 있으면서도 인간의 위치와 운명을 더없이 성스러운 하나의 세계 내의 것으로 규정하고 사회적 위계질서를 명확하게 밝혀 놓는 절대적인 신화가 그에 의해 만들어졌던 것이다.

부르주아지의 성장과 더불어 실용적 지식을 지닌 전문가가 나타나게 된다. 상인으로 이루어진 이 계급은 계급으로서 출현하는 순간부터 교회와 갈등을 일으키게 되는데, 교회가 내세우는 원칙들(〈정당한〉 가격, 폭리에 대한 비난)이 상업 자본주의의 발달을 방해하였던 것이다. 그럼에도 불구하고 이들은 자기들 자신의 이데올로기를 명확히 하려는 생각은 없이 성직자들의 이데올로기를 받아들이고 간직했다. 그러나 이들은 또 자기 자식들 가운데서 기술적 보조자들이나 실질적인 옹호자들을 길러 내게 된다. 상업선단 내에는 과학자들과 기사들이 끼게 되었고, 복식부기는 계산하는 사람을 필요로 하게 되는데 이들에 의해 후에 수학자가 탄생하는 것이다. 부동산과 계약은 법률가를 급증시키게 되며, 의학이 발전하게 되고, 해부학은 예술에 있어서의 부르주아적 사실주의의 기원이 된다. 이들 수단의 전문가들 *experts de moyens*은 그러므로 부르주아지에 의해, 또 부르주아지 내에서 탄생한 것이다. 이들은 하나의 계급도 엘리트도 아니다. 상업 자본주의라고 하는 거대한 움직임

● 지식인을 위한 변명

속에 완전히 편입된 그들은 상업 자본주의가 유지되고 확대될 수 있는 방법을 제공해 주었다. 이들 과학자와 실무 전문가들은 어떤 〈이데올로기〉의 수호자도 아니었으며, 그들의 기능 역시 부르주아지에게 하나의 이데올로기를 제공해 주는 것은 분명 아니었다. 부르주아들과 교회 이데올로기의 싸움에 이들이 개입한 적은 거의 없다.

문제는 오히려 성직자들에 의해 그들 사이에서 구체적인 형태로 나타났다. 상업의 발달로 인해 부르주아지가 그들 쪽으로 통합해야 할 하나의 세력으로 등장하게 되자, 성직자들은 종합적 보편성의 이름 아래 자기들 내부에서 서로 대립하게 되었던 것이다. 신성한 이데올로기를 신흥 계급의 요구에 부응케 하기 위한 성직자들의 시도는 종교개혁(프로테스탄티즘은 상업 자본주의의 이데올로기이다)과 어울려 반(反)종교개혁(제수이트파*는 개혁교회의 부르주아지들과 경쟁을 하게 되었다. 그들 덕분에 고리대금의 개념은 신용대부의 개념으로 바뀌었다)을 낳았다. 지식을 지닌 사람들은 이 갈등 속에서 살면서, 이 갈등을 내면화하였다. 그들은 그 속에 포함된 여러 모순을 느껴 알고는 있었으나 그 갈등의 주된

---

*카톨릭에 속하는 남자 수도회의 하나. *Ignatius Loyola*가 신교의 세력에 대항하여 창설, 세계적인 표교에 힘씀. 1534년 일곱 사람이 단체를 조직, 1540년에 로마 교황의 정식 인가를 얻었다. 제수이트파는 프로테스탄티즘에 반대하기 위해 창립된 것은 아니었으나 그 당시 일어난 루터의 종교개혁에 대해서 카톨릭 부흥운동을 위해 교회의 최전선에서 싸웠다. 이 때문에 16, 17세기의 유럽 대부분이 카톨릭 신앙에 머무르게 되었다.

수행자의 역할은 아직 해내지 못하고 있었다.

사실상, 교회의 이데올로기를 어떻게 변화시키더라도 〈모든 현실적 분야의 비신성화〉 속에서만 자신의 이익을 찾을 수 있었던 부르주아지를 만족시킬 수는 없었다. 그런데 이러한 비신성화 작업은—성직자 내부의 갈등과는 상관없이—실용적 지식을 지닌 전문가들의 손으로 이루어지고 있었다. 그들은 부르주아지의 〈실천〉을 그 실천 자체에 입각하여 계몽시켜 주고 또한 상품이 유통되는 장소와 시기를 명확히 해 줌으로써 자기들도 모르는 사이에 그러한 역할을 수행하고 있었던 것이다. 신성한 분야가 세속화되어감에 따라, 신은 다시 하늘로 올라갈 채비를 하게 된다.

17세기 말엽부터는 「숨어 버린 신 *Dieu caché*」이 운위된다. 이 시기가 되자 부르주아지는 세계에 대한 보편적 관념, 즉 하나의 이데올로기를 통해 자기 자신을 계급으로서 규정해야겠다는 필요성을 느끼게 된다. 사람들이 《서구 사상의 위기》*라고 불렀던 것의 의미는 바로 이것이다. 이 이데올로기는 성직자들이 아니라 실용적 지식을 지닌 전문가들에 의해 구축된다. 법률가들(몽테스키외), 문필가들(볼테르, 디드로, 루쏘), 수학자들(달랑베르), 총괄 징세 청부인(엘베티우스), 의사들 등등이 바로 그런 사람들이다. 이제

---

*예를 들어 *Paul Azard*(1878~1944)의 「유럽 의식의 위기 *La Crise de la conscience Européenne*, 1680~1715」(1935년 刊)는 17세기 말엽에서 18세기 초엽에 걸친 유럽 사상의 위기를 논하고 있다.

이들이 성직자들을 대신하게 되고 자기들 스스로를 〈철학자〉, 곧 《지혜를 사랑하는 사람들》이라고 부르게 되었던 것이다. 지혜는 이성을 뜻했다. 그들은 자기네의 전문직 외에도 부르주아지의 행동과 당연한 요구를 지지해 주고 정당화해 주는 합리적 우주관을 창조해 내는 일을 하게 된다.

 그들은 그 시대의 과학과 기술 분야에서 탁월한 성과를 보였던 연구방법, 즉 분석적 방법을 사용하게 된다. 그들은 이 방법을 역사와 사회 문제에 적용하는데 이것은 합리성이 결여된 제설(諸說) 혼합주의 syncrétisme 위에 그 기초를 두고 있는 귀족정치의 전통과 특권, 신화에 대항할 수 있는 가장 강력한 무기였다. 그러나 그들은 신중해야 했기 때문에 귀족정치와 신정정치의 신화를 부식해 들어가는 황산염 위에 제설 혼합주의의 가면을 덮어두었다.

 정밀과학의 엄정한 대상물과 신이 창조한 기독교적 세계라고 하는 양자 사이의 중간물인 〈자연〉의 개념을 한 가지 보기로 들어보겠다. 이것은 양자 모두를 의미한다. 즉 〈자연〉이란, 우선 존재하는 모든 것의 융합적 단일체로서의 개념이다. 우리는 이에 의해 신의 〈섭리〉를 생각하게 된다. 그러나 이것은 또, 모든 것이 법칙을 따르며 세계는 끝없는 인과관계의 사슬로 이루어져 있고 모든 지식은 이러한 몇몇 사슬과 우연히 마주친 결과라고 하는 생각인데 이러한 사고는 필연적으로 창조자로서의 신을 부정하는 데 이르게 된다.

　이렇게 하여, 사람들은 교묘하게 선택된 개념의 그늘 밑에서 기독교인이 될 수도 있고 자연신(自然神)교도가 될 수도 있었으며, 범신론자도, 무신론자도, 유물론자도 될 수 있었다. 이 그늘 밑에서 심원한 자기의 사상을 감추고 있거나, 혹은 자기 자신을 기만하고 있거나, 또 신앙하면서 〈동시에〉 회의하고 있기도 했다. 대부분의 철학자들은 그들의 어린 시절에 교육받은 신앙심의 영향을 받고 있음에도 불구하고, 실용적 지식을 지닌 전문가로서는 마지막 경우에 속했다.

　이제 이들의 작업은 부르주아지에게 봉건제도와 싸울 수 있는 무기를 제공해 주고, 또 스스로에 대한 긍지를 확고히 해 주는 일이 되었다.

　〈자연법〉의 개념을 경제적 영역에 까지 확대함으로써—이것은 피할 수 없었던 근본적인 실수였다—그들은 경제를 세속화된, 인간과 무관한 요소로 만들어 버렸다. 사람의 힘으로는 바꿀 엄두도 낼 수 없는 법칙 앞에 그저 따라가는 수밖에 없는 것이다. 경제는 자연의 일부가 되었다. 경제에 있어서도 역시 사람들은 자연에 대해서처럼 통제하지 않고 복종하는 길밖에 없다는 식이 되었다. 철학자들이 자유와 자유로운 사상을 가질 권리를 요구했을 때, 그것은 구체적 연구활동 (그들이 함께 수행해 가던)에 필요한 독립성을 요구한 것이었지만 부르주아 계급에게 있어서 이러한 요구는 무엇보다도 상업에 있어서의 봉건적 질곡의 폐지와 경제적 자유주의 혹은 자유경쟁을 겨냥하는 것이었다. 마찬가지로 〈개인주의〉 역시, 부르주아 재산 소유자들에게는 무엇보다도 인간 상호간의 관계인 봉건적 소유제를 타파하고 소유자와 소유물이 직접 연결되는 〈현실적〉 소유제를 확립해 주는 것으로 보였다.

〈사회원자론 atomisme social〉*은 당시대의 과학사상을 사회에 적용한 결과인데 부르주아는 이것을 사회《유기체론》을 거부하는 데 이용했다. 모든 사회 원자의 동등성은 이성에 기초를 둔 분석적 과학주의 이데올로기의 필연적 결과이다. 부르주아들은 이것을 이용하여 귀족을 〈나머지〉다른 사람들과 대비시킴으로써, 귀족을 매도하려 들었다. 그 시기에 있어서 부르주아지는 사실상, 맑스의 이야기처럼 자기들 스스로를 보편적 계급으로 자처하고 있었다.

간단히 말해서《철학자》들은 오늘날 지식인들이 비난받는 이유가 된 바로 그런 역할을 수행했다. 즉 그들은 자기네의 방법을 그것과는 상관없는 별개의 다른 목적을 위해서, 말하자면 기계론적이고 분석적인 과학주의에 기초를 둔 부르주아 이데올로기의 건설을 위해 이용했던 것이다.

그들 속에서 최초의 지식인을 보아야 할 것인가? 그렇기

---

*사회와 개인과의 관계에 대한 여러 설(說) 가운데, 실재하는 것은 원자적 개인 뿐이라고 하는 것. 이것은 개인이 사회에 우선한다고 하는 사고방식으로, 사회 유물론적 입장이며, 사회계약설은 이 說에 입각해 있다. 사회 實在論的 입장을 취하는 사회 有機體論과 대립한다.

• 제 *1* 부 지식인이란 무엇인가?

도 하고 혹은 그렇지 않기도 하다.

 사실상 그 당시 이들이 자기들과 무관한 일에 간섭한다고 비난한 것은 귀족들이었고, 고위 성직자들이었다. 부르주아 〈계급〉은 아니었던 것이다. 그들의 이데올로기가 허공에서 끌어온 것은 아니었기 때문이다. 부르주아 계급은 그들의 상업 〈활동〉 속에서, 또 그 활동을 통해 다른 손질 없이 이것저것 뒤섞인 조잡한 이데올로기를 만들어 냈다. 그들은 자유, 평등 따위의 상징적 표어를 통해 한 사회 계급으로서의 자각을 갖기 위해서, 그리고 다른 사회계급들의 이데올로기를 무산시키고 부숴버리기 위해서는 자기들 역시 하나의 이데올로기가 필요하다는 사실을 알고 있었다. 그래서 《철학자》들이 그람시 *Gramsci**가 말하는 〈유기적〉 지식인으로서 나타나게 되었다. 부르주아 계급으로부터 탄생한 그들이 그 계급의 〈객관적 정신〉을 표현할 임무를 떠맡게 된 것이다.

 이러한 유기적 일치는 어디서부터 오는 것일까? 우선 그들은 부르주아 계급에 의해 생겨났으며 그 계급의 성공에

---

*Antonio Gramsci(1891~1937). 이태리의 작가, 정치가. 트리앗티와 더불어 이태리 공산당을 창건. 1926년 파시스트 정권에 의해 체포되어 28년, 반역죄라는 명목으로 20년 4개월 5일간의 금고형을 선고 받았다. 맑스주의 입장에서 크로체 *Croce*를 공격했다. 그는 맑스주의의 정통파였으면서도 교조주의를 탈피하여 이탈리아의 현실에 기반을 둔 독자적 혁명사상을 전개하였다. 그는 이러한 독자적 실천사상으로 현대 맑스주의에 큰 영향을 끼쳤다. 그의 저작의 대부분은 옥중에서 집필된 것이며 1951년 이후에야 간행되었다.

의해 떠받쳐졌고 그 계급의 풍습과 사고에 물들어 있었다는 사실을 들 수 있다. 그리고 무엇보다도, 과학적이요 실용적인 연구활동의 움직임과 신흥 계급의 움직임이 일치되었던 것이다. 논쟁의 정신, 권위주의의 거부, 자유로운 거래를 제약하는 굴레의 거부, 과학법칙의 보편성, 봉건적 특수주의 *particularisme*에 대치되는 인간의 보편성, 이러한 모든 가치체계와 사고방식들―이는 결국 다음 두 가지 공식으로 귀결된다. 즉 모든 인간은 부르주아이며, 모든 부르주아는 인간이라고 하는―은 한 가지 이름을 지니게 되었다. 그것이 바로 부르주아의 〈휴머니즘〉이라는 것이다.

그때는 일종의 황금시대였다. 부르주아지 내에서 태어나고, 양육되고, 형성되었던 《철학자》들, 부르주아지의 동의를 얻고 있던 그들은 그 속에서 이데올로기를 끌어내기 위해 투쟁했다. 이 시대는 벌써 사라진지 오래다. 오늘날에는 부르주아 계급이 권력을 장악하고 있으나, 이 계급이 보편적 계급이라고 말할 사람은 아무도 없다. 이 사실만으로도 그들의 《휴머니즘》을 옛날 이야기로 돌리기에 충분할 것이다.

가족적 자본주의 시대에는 그럴싸했던 이 이데올로기는 이제 오늘날의 독점 자본주의 시대에는 어울리지 않는다. 그런데도 그것은 아직 존속하고 있다. 부르주아지는 여전히 자신을 휴머니스트라고 고집하고 있으며, 서구는 〈자유 세계〉라는 등등의 이야기로 스스로를 부르고 있는 것이다.

그런데 19세기 말엽, 특히 드레퓌스 사건 이후, 철학자들*의 손자들이 〈지식인〉이 되었다. 이것은 무엇을 의미하는가?

그들은 항상 실용적 지식을 지닌 전문가들 속에서 배출된다. 그러나 그들을 규정하기 위해서는 이 사회 집단이 〈오늘날〉 지니고 있는 특성을 열거해 볼 필요가 있다.

1. 실용적 지식을 가진 전문가는 〈위에서〉 만들어진다. 일반적으로 그는 더 이상 지배계급에 속하지 않으며, 이 지배계급이 〈고용〉을 결정함으로써, 〈자기 계급의 본질 내에〉 전문가가 위치하도록 지시한다.

즉, 자기 사업의 정확한 성격에 따라 (예를 들면, 산업화의 단계에 준해서), 또 〈자기의〉 특권과 〈자기의〉 이익에 맞게 고려된 사회적 필요에 따라 (한 사회는 그가 의학 발전을 위해 어느 정도의 잉여가치를 바치느냐에 따라 사망자 수의 일부까지 결정한다). 지시를 내리는 것이다. 직업이라는 것은 공급될 일자리요 맡겨질 역할이기 때문에 추상적이지만 〈대기하고 있는〉 한 인간의 장래를 〈미리〉 규정해 버린다. 즉, 1975년에는 이러저러한 수의 의사와 교사의 일자리가 있다는 식의 이야기는, 한 부류의 미성년 전체에게 가능성의

---

*계몽사상가를 이야기한다.

•지식인을 위한 변명

영역이, 해 볼만한 연구의 장이, 달리 말해서 〈운명〉이 구조화되어 있다는 것을 의미한다. 사실상 그들이 태어나기도 〈전에〉 벌써, 그들의 〈사회적 존재〉와 마찬가지로 일자리도 정해져 있는 경우가 흔하다. 따지고 보면 그는 그들이 〈이럭저럭〉 해내지 않으면 안될 기능들의 단위에 지나지 않는다.

이처럼 지배 계급은 그 자신의 궁극적인 목적인 〈이익〉에 준하여 실용적 지식을 가진 전문가들의 수를 결정한다. 지배 계급은 동시에, 산업 발전의 정도에 따라, 또 경제 상황과 새로이 등장한 필요 (예를 들어 대량 생산은 광고의 엄청난 발달을 가져왔는데, 이를 위해서 심리분석 전문가, 통계학자, 광고 아이디어 개발가, 이들의 구상을 〈현실화〉하는 미술가 등등의 숫자가 끝없이 증가해 가고 있다거나 혹은, 〈인간관리〉라는 것이 받아들여짐으로써 심리전문가, 사회학자들의 직접적인 경쟁이 촉발되었다는 사실을 생각할 수 있다)에 맞춰, 잉여가치분의 얼마를 그들 전문가의 봉급으로 내줄 것인지를 결정한다.

오늘날, 사태는 명약관화하다. 기업은 대학으로 하여금, 낡아 퇴색한 인문주의(人文主義)를 포기하고, 그 대신 기업진단가나 중간 관리자, 전문가 등을 공급해 줄 전문화된 학습을 시행하도록 하기 위해 대학에 손을 뻗치려 하고 있는 것이다.

2. 실용적 지식을 지닌 전문가의 이데올로기적, 기술적인 교육도, 지배 계급이 수립한 체제(초등, 중등, 대학의)에 의해 규정되며, 필연적으로 선택적일 수 밖에 없다.

지배계급은 첫째, 자기들이 적당하다고 판단한 이데올로기와 (초등, 중등학교에서), 둘째, 사람들이 자기의 기능을 수행할 수 있도록 해 줄 지식과 경험을 (대학에서) 그들에게 공급해 줄 수 있도록 교육을 통제하고 있다.

그러므로 지배 계급은 그들에게 〈선험적으로 *a priori*〉 두 가지 역할을 가르치고 있는 셈이다. 즉, 지배 계급은 그들을 전문적 연구가이자 동시에 지배권에의 봉사자, 다시 말해서 전통의 수호자로 만들고 있다.

두번째의 역할은 그들을—그람시의 표현을 빌리자면—《상부구조의 관리》가 되게 한다. 이리하여 그들은 사회적 정치적 지배 권력의 《말단 기능을 수행할》 수 있는 일정한 권력을 부여받는다 (경영 평가단은 경찰과 같고 교수들은 노무관리 기사와 같다). 그들에게는 암암리에, 지배계급의 가치관을 전파하고 (필요하다면 현실적 요구에 맞도록 적당히 손질하여), 또 기회 있는대로 자기네의 전문적 지식을 앞세움으로써 다른 모든 계급들의 논거(論據)와 가치관을 타도한다는 임무가 지워져 있다.

이러한 측면에서 볼 때 그들은 이데올로기적 〈특수주의〉 —때로는 나치스 사상가들의 침략적 민족주의처럼 노골적이기도 하고, 또 때로는 자유주의적 휴머니즘, 즉 기만적 보편성처럼 가면을 쓴―의 앞잡이들이다. 이런 점에서 그들이 자기들과 관계없는 일에 종사하도록 되어 있다는 사실을 주목할 필요가 있다.

하지만 아무도 그들을 〈지식인〉이라고 부르려 하지는 않는다. 이것은 그들이 실제로는 지배자의 이데올로기에 지나지 않는 것을 과학적 법칙인양 부당하게 왜곡하기 때문에 나타나는 현상이다.

식민지 시대에 있어서 정신과 의학자들은 (예를 들어) 아프리카인들의 열등성을, 그들의 두뇌에 대한 해부학적, 생리학적 연구 결과를 토대로 입증하기 위하여 소위 엄밀한 연구를 했었다. 그렇게 함으로써 그들은 부르주아 휴머니즘, 즉 인간은 외양만 인간을 닮은 식민지 원주민을 제외하고는 모두 평등하다는 신념을 유지해 갈 수 있도록 하는 데 기여했던 것이다. 다른 연구 작업 역시 마찬가지 방식으로 여성들의 열등성을 입증했다. 그들에게 있어서 인류란 백인이고 남성인 부르주아로만 이루어져 있었던 것이다.

3. 실용적 지식을 지닌 전문가들의 선발은 계급관계에 의해서 자동적으로 조절된다.

즉, 프랑스의 경우, 사회집단 속에 노동자가 끼어들 수 있는 경우는 좀체 없다. 왜냐하면 노동자의 아들이 고등교육을 받는다는 것은 더없이 어려운 일이기 때문이다. 농민의 경우는 그보다 더 많은데, 이것은 최근에 도시로 이주한 농민들이 주로 도시의 말단관리가 되었기 때문이다. 하지만 이들도 결국 쁘띠 부르주아의 자식들이다. 장학제도(교육비는 무료이지만 먹고 사는 것은 스스로 해결해야 한다)를 통해 권력층은 상황에 따라 그들 전문가의 출신 계층을 정책적으로 조절할 수 있게 되었다. 더욱이 중산계급의 자녀들에게까지도 그들 가정의 경제력 때문에 선택의 영역은 극도로 제한되어 있다. 중산계급 하층민(中下層)의 가계 사정으로 볼 때, 자기네 아들에게 6년 동안 의학 공부를 시킨다는 일은 너무도 감당하기 힘든 것이다. 이처럼 실용지식을 가진 전문가의 경우, 만사가 정확하게 규정되어 있다.

일반적으로 중산 계급의 중간층 정도의 가정에서 태어나, 어린시절부터 지배 계급의 자기중심주의적 이데올로기를 배워 온 전문 기술자는 자신의 직업에 의해 〈온갖 방법으로〉 중산계급 속에 끼게 된다. 이 사실은 그가 대체적으로 노동자들과는 전혀 접촉이 없으며 그러면서도 고용주에 의한 노동자 착취의 공범자임을 의미한다. 왜냐하면, 어찌됐건 그는 잉여가치로 살아가기 때문이다.

이런 의미에서 그의 사회적 존재와 그의 운명이라고 하는 것은 밖에서부터 그에게 주어진 것이다. 그는 중간층에서 태어난, 중간 정도의, 중산 계급에 속한 인간이다. 그의 행위의 일반적 목표는 〈그 자신의〉 목표가 아니다.

• 지식인을 위한 변명

〈지식인〉이 나타나는 것은 이러한 수준에서다.

모든 것은, 지배 계급에 의해 실용지식 전문가가 된 사회적 노동자가 동일한 모순을 여러 수준에서 겪고 있다는 사실에서 비롯된다.

1. 그는 어린 시절부터 《휴머니스트》였다.

이것은 그가 사람들로부터 모든 인간은 평등하다고 배웠음을 의미한다. 그런데 자신을 돌아볼 때 그는 자기야말로 인간조건의 불평등성의 증거임을 깨닫게 된다. 그가 소유하고 있는 사회적 〈힘〉을 가능케 했던 자기의 지식이 스스로의 실천 속에서 생겨난 것일까? 이 지식이란 그가 서기, 혹은 고소득 봉급자, 혹은 자유주의적 입장을 가진 국회의원의 아들이었기 때문에, 〈상속자〉로서 획득할 수 있었던 것이 아닌가? 즉, 그가 태어나기 이전에 그의 가정에는 이미 문화가 있었다. 이처럼 그가 자기 집안에 태어났다는 사실은 곧 문화 속에 태어났다는 사실과 동일한 것이다. 그리고 만일 그가 노동계급 속에서 태어났다 하더라도, 복잡할 뿐더러 〈결코 정당하지 못한〉 선발 체제에 의해 자신의 동료 대다수가 제거되었기 때문에 자신이 성공할 수 있었던 것이다.

그는 어쨌든 부당한 특권의 소유자이다. 설사 그가 온갖 역경을 훌륭하게 헤쳐 나왔더라도 그렇다. 아니, 어떤 의미에서는 그랬기 때문에 더욱 그렇다. 이 특권—혹은 지식의 독점—은 휴머니스트적인 평등주의와 근본적으로 모순된다. 다른 말로 해서 그는 그것을 포기하지 않으면 안될 것이다.

하지만 그는 이 특권〈자체〉이기 때문에, 스스로가 사라져 버리지 않고는 그것을 포기할 수 없다. 그런데 이것은 대부분의 인간 내부에 뿌리박힌 생의 본능과 대치되는 것이다.

2. 18세기의 《철학자》들은, 우리가 앞서 이야기한 것처럼 〈자신의〉계급과 유기적으로 통합된 지식인이 될 수 있는 행운을 갖고 있었다. 이것은 부르주아지의 이데올로기—낡은 봉건적 권력 형태를 공격하던—가 과학 연구의 보편적 법칙으로부터 저절로 생겨난 것처럼 여겨졌다는 사실을 의미한다. 그러나 이것은, 혈통이나 종족으로 자신을 특수한 존재로 만들려 들던 귀족 계급에 대항하여 부르주아지가 스스로를 보편적 계급이라 생각하고, 보편성을 주장했던 사실에서 생긴 환상이다.

초기에 교육과 훈련을 통해서《인간성》에 대한 관념을 실용지식을 가진 전문가들에게 주입시켰던 부르주아 이데올로기는 오늘날, 이들 전문가들 자신의 또 다른 구성 부분인 탐구자로서의 기능, 다시 말해서 그들의 지식, 그들의 방법들과 모순되고 있다.

즉, 그들은 이러한 기능을 통해서 보편주의자가 된다. 왜냐하면 그들은 보편적 지식과 보편적 실체를 탐구하기 때문이다.

하지만 그들이 자신의 방법들을 적용하여 지배계급과 그의 이데올로기―자기들의 것이기도 한―를 따져 보게 되면, 그 두 가지 모두가 사실은 〈자기 중심주의적〉이라는 것을 깨닫지 않을 수 없는 것이다. 그리고 그 순간부터 그들은 자기들의 연구작업에서마저도 소외를 발견하게 된다. 왜냐하면, 그들은 자기들에게는 낯선, 그리고 자기들이 의문을 제기해서는 안되게 되어 있는 목적의 도구가 되어 있기 때문이다.

이러한 모순은 그들에게서 생기는 것이 아니라, 지배 계급 자체로부터 나오는 것이다. 일본 역사에 나타난 한 가지 보기를 통해 이 사실을 알 수 있다.

1886년 아리나리 모리에 의해 일본의 교육제도가 개혁되었다. 초등교육이 군국주의와 국가주의의 이데올로기 위에 기초하게 됨으로써 소년들에게는 국가에 대한 충성심과 전통적 가치에 대한 복종심이 앙양되었다. 하지만 그와 동시에 모리는 (메이지 시대였다) 교육이 만약 그 기초적인 개념에만 머물러 있다면 일본은 자신의 산업체제를 정비하는 데 필요한 학자와 전문가들을 배출해 낼 수 없을 것이라는 사실을 확신하고 있었다. 그래서 마찬가지의 이유로 그는 《고등》교육에 어느 정도의 자유, 연구에 적당한 만큼의 자유를 허락하지 않을 수 없었다.

그 뒤로부터, 일본의 교육제도는 상당히 많이 변하게 되었다. 그러나 내가 이러한 예를 들었던 것은 실용지식을 가진 전문가들에게 존재하는 모순이 지배 계급의 모순되는 요구에 의해 생겨났다는 사실을 지적하기 위해서였다.

나이 어린 유년시절부터 이들 전문가들을 기다리고 있고, 또 그들로 하여금 모순에 찬 인간으로 만들어 버리는 모순의 전형은 바로 지배 계급이다. 국가에의, 정치에의, 지배 계급에의 복종이라고 하는 자기 중심주의적 이데올로기는 전문가들 속에서 자유롭고 보편주의적인 탐구정신―이것 역시 그들의 바깥에서 그들에게 주어진 것이지만, 그 시기는 그들이 이미 복종을 하게 된 <이후>이다―과 갈등을 일으키게 된다.

프랑스의 경우도 그 모순은 동일한 것이다. 사람들은 유년시절부터 그들에게 허구적인 보편성을 통해서, 소수에 의한 다수의 착취라고 하는 사회적 현실을 숨기려 한다. 사람들은 또 그들에게 휴머니즘의 허울 아래 노동자와 농민의 진실한 상태 및 계층간의 갈등을 감추고 있다. 기만적인 평등주의를 통해 제국주의와 식민주의, 그리고 이러한 현실을 옹호하는 이데올로기인 인종주의를 은폐하고 있다.

대학의 문에 들어설 때 쯤 되면 그들의 대부분은 어릴 때부터 갖게 된 여성의 열등성이라고 하는 편견에 젖게 된다. 오직 부르주아지만 가지고 있는 자유가 그들에게는 마치 명백한 보편적 자유로 여겨진다. 누구든지 다 투표권이 있다는 등등의 형식으로……

평화, 진보, 우애라고 하는 허울이, 그들 각자를《서로 경쟁하는 인간》으로 만드는 선발제도와, 제국주의 전쟁들, 베트남의 비극적 현실을 가까스로 숨겨 놓고 있다. 최근에 사람들은 그들에게《풍요》에 대해 이러쿵 저러쿵 떠들어 대는 소리를 그들에게 가르치고 그들이 반복하여 지껄이도록 하려는 착상을 했는데, 이것은 그들에게 전 인류의 3분의 2가 만성적인 영양실조의 상태에서 살아간다는 사실을 은폐하기 위한 것이다.

이것은 무엇을 의미하는가? 만약 그들이 이러한 모순된 생각들에 통일성이라고 하는 외양을 입혀 보려고 한다면, 다시 말해서 그릇된 것이 분명한 관념들을 가지고 탐구의 자유를 제한하고자 한다면, 그들은 자유로운 과학적, 전문적 사유를 〈그것과 상관없는〉 규범들에 의해 중단할 수밖에 없게 되며, 드디어는 탐구 정신 자체에 의해 외적 한계선들이 그어진다고 믿으려 함으로써, 또 믿게 함으로써, 정말로 탐구정신에 외적 한계를 긋고 말게 된다는 말이다.

간단히 말해서, 과학적, 전문적 사유는 〈통제 아래서〉밖에 그 보편성을 전개해 나갈 수 없으며, 그리하여 〈자기중심주의〉에 무릎을 꿇은 과학은 그 속에 보편성이 있음에도 불구하고, 그 보편적이며 자유롭고 엄정한 핵을 지니고 있음에도 불구하고, 하나의 이데올로기가 되어 가는 것이다.

3. 지배계급의 목적이 무엇이든 간에 전문가의 행위는 우선 실용적인 것이다. 이것은 그가 유익한 것을 목표로 한다는 것을 의미한다. 그것은 이러저러한 사회집단에 유익한 것이 아니라 차별 없이, 제한 없이 유익한 것이다.

어떤 의사가 암을 치료하기 위해 연구를 할 경우, 그의 연구가 예를 들어 〈부자들〉만을 치료해야 한다고 못박는 것은 아니다.

왜냐하면 부자인가 가난한가 하는 문제는 암세포와는 아무런 관계가 없기 때문이다. 이러한 환자의 불확정성은 환자의 보편화로 이해될 수밖에 없다. 즉 어떤 한 사람 (분명 연구와는 무관하게 어떤 사회적 직업을 가진 사람인가에 의해 특징지워지는)을 치료할 줄 알게 되면, 〈모든 사람〉을 치료할 수 있을 것이다.

그러나 실제에 있어서 이 의사는 자신이 어쩔 수 없이 지배 계급에 의해 〈희소성〉과 〈이익〉(산업 부르주아지의 최고 목표)에 근거하여 규정된 사회관계 속에 처해져 있다는 사실과, 고객들에 의해 그 한계가 지워진 자신의 연구활동은 응급치료 비용—그가 치료법을 찾아낸 경우—과 마찬가지로 우선 소수의 사람에게밖에 봉사할 수 없다는 사실을 알게 된다. (또한 그가 발견해 낸 것들이 경제적인 이유 때문에 이러저러한 조직에 의해 빛을 보지 못하는 수도 있다. 루마니아에서 만들어진 1급의 노인병 치료약은 몇몇 나라에서는 볼 수

• 지식인을 위한 변명

있으나 프랑스에서는 볼 수 없다. 약사들의 반대로 들여 올 수가 없었던 것이다. 몇년 전부터 실험실에 놓여진 채, 어디서도 살 수 없고, 사람들은 그것이 있는지 조차 모르는 약들도 몇 가지 있다. 그 밖의 경우도 물론 허다하다……).

많은 경우에 있어서 사회적 특권층은 실용지식을 지닌 전문가들과 공모하여, 그들이 발견해낸 것들 속에서 〈사회적 유용성〉을 훔쳐낸 뒤, 그것을 다수의 희생 위에 선 소수만의 유용성으로 탈바꿈시켜 버린다.

이러한 이유 때문에 새로운 발명품들은 오랜 기간을 두고 다수의 욕구불만 대상으로 남아 있게 된다. 이것이 소위 〈상대적 궁핍화 paupérisation relative〉라고 하는 것이다.

이리하여 〈모든 사람을 위해〉한 전문가는 결국—적어도 언제까지일지 좀처럼 예측할 수 없는 어떤 기간 동안은—노동하는 계급들에게는 궁핍화의 앞잡이에 지나지 않게 된다. 이것은 산업제품의 현저한 개선이 이루어지는 경우 더욱 잘 이해할 수 있는 문제다. 사실상 이러한 개선이라고 하는 것은 부르주아지에 의해 자기의 이익을 증가시킬 목적으로밖에 이용되지 않는 것이다.

이처럼 지식 전문가들은 지배 계급에 의해, 그들 자신을 분열시키는 모순과 함께 만들어진다. 즉, 한편으로는, 상부구조의 2급 봉급자, 관리로서, 그들은 지배자들(사기업, 혹은 국가)에게 직접 예속되어 있으며, 필연적으로 3차 산업의

한 집단으로서 특수층 속에 자리잡게 된다. 다른 한편으로 그들의 전문성이 원래 보편적인 것인 까닭에, 그들은 그들이 주입받은 자기중심주의, 자기 자신을 부정하지 않고는 부정할 수 없는 자기 중심주의에 대한 부인 자체인 것이다.

그들은 《부르주아적 학문》 따위란 있을 수 없다고 주장하지만, 그들의 학문은 〈그 자체의 한계〉 때문에 부르주아적이며, 그들도 이 사실을 알고 있다. 하지만 그들이 연구를 하고 있는 바로 그 동안 만은 그들이 자유롭게 작업한다고 하는 것은 사실인데, 이 때문에 그들의 현실적 조건 속으로 되돌아간다고 하는 일이 더욱 괴로워지는 것이다.

권력도 전문가의 현실이 보편과 특수의 영원한 상호부정이라는 사실을 모르고 있지는 않다. 또한 적어도 잠재적으로 전문가란, 헤겔이 이야기한 〈불행한 의식〉을 구현하고 있다는 사실도 알고 있다. 그 때문에 권력은 전문가를 극히 〈수상쩍게〉 보는 것이다. 권력은 그가 《영원히 부정하는 자》라는 사실을 들어 그를 비난한다. 그것이 전문가의 유일한 성격도 아니고 또 이의를 제기하는 행위는 과학적 사유에 필수적인 방법임을 잘 알면서도 그러는 것이다. 이 과학적 사유란 사실상, 그것이 얼마만큼 과학의 본체를 받아들이느냐에 따라 그만큼 전통주의적이 될 수도 있지만, 대상이 얼마만큼 〈그 자체 내에서 스스로를 부정하고〉 그를 통해 과학의 진보가 이루어지느냐에 따라 그만큼 부정

• 지식인을 위한 변명

적이기도 하다.

　마이켈슨 *Michelson*과 모올리 *Morley*의 실험*은 결과적으로 뉴튼 물리학 전체를 부정하게 되었다. 그러나 이의를 제기하는 것 자체가 그들의 의도는 아니었다. 지구와 빛의 속도 측정술의 진보(〈수단〉에 있어서의 진보, 산업과 관련된 〈기술적〉 진보)는 그들에게 지구의 속도를 측정해 보려는 생각을 갖게 했다. 그리고 이러한 측정을 통해, 실험자들이 의도적으로 〈찾으려 하지〉 않았던 하나의 모순이 드러나게 된 것이다. 그들은 단지 새로운 부정을 통해 이 모순을 없애 버리기 위해서, 이 모순에 이의를 제기했던 것 뿐이다. 이 새로운 부정이 객체에 의해 그들에게 강요된 것이다. 그러므로 피체랄드와 아인슈타인은 이의를 제기하는 자가 아니라 실험의 결과를 최소한의 희생으로써 통합하기 위해 전체 체제 속에서 포기해야 할 것이 무엇인가를 찾으려 하는 학자로서 나타나게 된다.

　그러나 어쨌든 권력으로서는 방법과 방법이 서로 모순을 드러내고 논박될 경우, 그것은 결국 지배 계급에 의해 추상적으로 제시된, 동시에 모든 방법의 통합적 단위인 목적

**Albert Abraham Michelson*(1852~1931). 독일 태생의 미국 물리학자, 빛의 속도에 관한 연구로 1907년 노벨 물리학상 수상.
　Edward Willams Morley(1838~1923). 미국의 화학자. 물리학자. 1881년 마이켈슨이 실험해 본 뒤 1887년 마이켈슨과 모울리가 같이 반복 실시한, 지구에 대한 에테르의 운동을 검출하기 위한 실험. 이 실험은 에테르설을 부정하는 결과가 되어 상대성 이론 탄생의 계기가 되었음.

마저 반박하는 데까지 이르게 될 것으로 생각하는 것이다. 이리하여 지배 계급의 눈으로 볼 때, 탐구자는 필요불가결한 존재일 뿐만 아니라 동시에 수상쩍은 존재이다. 탐구자 역시 이러한 의심스런 눈길을 느끼지 않을 수 없고, 또 그것을 내면화하지 않을 수 없다. 그리하여 〈처음〉에는 자기 자신의 눈에도 자기가 수상쩍게 보이는 것이다.

　이로부터 두 가지 가능성이 생기게 된다.

　첫째, 지식 전문가는 지배자의 이데올로기를 받아들이거나 혹은 그것에 만족하고 있을 수도 있다. 즉 그는 성실치 못하게도 보편을 특수의 시녀로 만들어 버리는 일을 하기에 이른다. 그는 자기 검열을 실시하여 〈비정치적〉인, 〈불가지론자〉가 되는 것이다. 권력이 압력을 가해서 그로 하여금 가치있는 부인을 불사하는 태도를 포기하도록 하는 수도 있다. 그는 이의를 제기하는 자기의 권능을 포기하게 되는데 이것은 전문가로서의 자기 기능에 큰 손실을 입지 않고서는 되지 않는 일이다. 이 경우 사람들은 《그는 지식인이 아니다》라고 자신있게 말할 수 있다.

　둘째, 만일 그가 자기 이데올로기의 자기 중심주의를 파악하고 그 사실을 부당하게 여기게 될 때, 또 자신이 자기 검열을 통해 권력자의 원칙을 자기 것으로 내면화했다는 사실을 깨닫게 될 때, 불구가 되어 결코 편안할 수 없는

● 지식인을 위한 변명

자신을 거부하기 위해 자기를 형성해 낸 이데올로기를 의심스럽게 검토하게 될 때, 지배자의 2급 하수인이 되기를 거부하고 자기가 모르는 혹은 의문시하는 것이 금지된 목적을 위해 봉사하기를 거부하게 될 때, 그때 실용지식을 지닌 전문가는 괴물, 다시 말해서 〈자기와 관계되는 것에 관심을 갖는〉 지식인(외적으로는 자기 삶을 인도해 가는 원리들에 대해, 또 내적으로는 사회 속에서의 자신의 위치에 대해), 다른 사람들이 〈자기와 관계없는 일에 관심을 갖는 자〉라고 이야기하는 지식인이 되는 것이다.

결국 지식 전문가들은 자신의 보편주의적 전문지식과 지배자의 이데올로기가 그의 내부에서 끊임없이 싸운다고 하는 바로 그 모순에 의해 규정되는 존재인 이상, 누구나 모두 〈잠재적 지식인〉인 것이다.

그러나 한 전문가가 〈실질적인〉 지식인이 되는 것은 단순한 결정으로 이루어지는 일이 아니다. 그것은 그를 특징짓고 있는 긴장을 그에게서 제거해 줄 수 있었던 그의 개인적 역사에 의해 좌우되는 문제다. 요컨대, 변형을 완성시켜 주는 요인들의 총체는 사회적 차원에 속하는 것이다.

우선 지배 계급들의 특권과, 그들이 지식인 특히 학생들에게 약속해 주는 생활 수준을 예로 들어볼 수 있겠다. 분명히 저임금이란 보다 심한 예속 상태를 만들어 낼 수도 있다. 그러나 그것은 지식 전문가로 하여금 사회 내에서

• 제 *1* 부 지식인이란 무엇인가?

자기에게 마련된 현실적 지위가 어떤 것인가를 깨닫게 해 줌으로써 부정적 태도를 부추길 수도 있다. 또한 지배 계급들로서는 자기들이 약속했고 또 당연히 주어져야 할 일자리를 학생들에게 모두 마련해 준다는 것이 불가능하다. 즉 일자리를 갖지 못하게 된 전문가들은 자기들에게 약속되었던 생활 수준—그것이 아무리 보잘것 없는 것일지언정—이하에서 살아가게 되는 것이다. 그렇게 되면 그들은 가장 소외된 사회 계층에 대해 유대감을 느끼게 된다.

이러한 실업상태, 혹은 낮은 임금과 보잘것없는 일자리에로의 전락은 선발제도가 있는 한 계속 지탱되어 가는 것이다. 그러나 선발제도에서 밀려난 사람은 선발제도를 부정하기 위해 사회전체를 부정할 수밖에 없게 된다. 어떤 역사적 상황 속에서는 낡은 가치관과 지배자의 이데올로기가 노동 계층에 의해 격렬하게 부정되는 일이 생기는데 이로 인해서 지배 계급들 내에서마저도 심각한 변화가 일어나게 된다. 이런 경우 많은 지식 전문가들이 지식인으로 탈바꿈하는데, 그것은 사회 속에 나타난 모순들을 통해 그들이 그들 자신의 모순을 깨닫게 되기 때문이다.

정반대로, 지배 계급들이 지식의 희생 위에서 이데올로기의 영향력을 증대시켜 가려 할 때가 있는데 이 경우 내적 긴장을 증대시키는 자, 또 전문가가 지식인으로 변화해 가는 데 대해 책임이 있는 자는 바로 그들 지배 계급이다. 그들은 기술과 과학의 영역 및, 여러 가지 방법론을 대상

• 지식인을 위한 변명

에 적용할 수 있는 자유를 전문가가 받아들일 수 없는 정도로까지 제한해 버렸던 것이다.

일본에서는 최근 몇해 동안, 권력층이 역사학 교수들로 하여금 역사적 사실을 왜곡하도록 강요하는 일이 생겼었다. 이들 교수들은, 비록 그때까지는 전적으로 사실을 가르치고 또 그것을 밝히는 일에만 종사해 왔지만, 이제 자기들의 직업적 양심과 자기들이 항상 응용해 온 과학적 방법을 위해서는 그들이 그때까지만 해도 수동적으로나마 받아들이고 있던 이데올로기를 반박하고 나서야 하게 될 처지에 놓였었다.

대부분의 경우, 이러한 모든 요인은 동시적으로 움직인다. 왜냐하면, 그것이 아무리 모순에 찬 것이라 할지라도 이들 요인 전체는 한 사회가 그 사회의 전문가들에게 대해 보여주는 일반적 태도를 반영하는 것이기 때문이다. 하지만 그들 전문가들도 언젠가는 〈제도적 모순〉을 깨닫는 데 이르고야 만다.

그러므로 지식인이란 자기 내부와 사회 속에서 구체적 진실 (그것이 지니고 있는 모든 규범과 함께)에 대한 탐구와 지배자의 이데올로기 (그 안에 담긴 전통적 가치체계와 아울러) 사이에 대립이 존재하고 있음을 깨달은 사람이다. 이러한 깨달음은, 비록 그것이 〈현실적인 것이 되기 위해서는〉 〈우선〉 지식인 자신의 직업적 활동과 자신의 기능이라고 하는 수준 자체에서 이루어져야 되지만, 결국 그것은 사회의 근본적 모순, 즉 계층간의 갈등을 드러내는 일이며, 지배 계급 자신의 내부에서 지배 계급이 자기의 기도를 위해 요구하는 진실과 자신의 지배권을 공고히 하려는 목적으로 여타 계급들에게 주입시키고자 하면서 그 유지를 위해 애쓰는 신화, 가치관, 전통과의 사이의 유기적 갈등의 허울을 벗겨 드러내놓는 일에 지나지 않는다.

분열된 사회 속에서 만들어진 지식인은 그가 그 사회의 분열된 모습을 내면화한 까닭에 그 사회를 증거해 주고 있다. 그러므로 그는 역사적 산물인 것이다. 이런 의미에서 볼 때, 어떤 사회도 자기 자신을 비난하지 않고는 그 사회의 지식인들에 대해 불평할 수 없다. 왜냐하면 지식인이란 결국 그 사회가 만들어 낸 것이기 때문이다.

제 2 부
지식인의 기능

1. 모순

　우리는 지식인들을 그 현실적 〈존재〉의 차원에서 정의해 보았다. 이제 그의 〈기능〉에 대해서 이야기해야 할 차례인 것 같다. 그러나 과연 지식인이 가지고 있는 기능이라는 것이 있기나 한 것인가?

　과연 지식인에게 이러저러한 역할을 해 달라고 부탁한 사람은 아무도 없는 것이 분명하다. 지배 계급은 지식인을 무시한다. 고작해야 지식인이란 지식 전문가요, 상부 구조의 말단 관리 정도라고밖에 생각해 주려 하지 않는 것이다. 혜택받지 못한 계층은 지식인을 배출해 낼 수가 없다. 왜냐하면 지식인이란 실용적 지식을 지닌 전문가에서 나오게 되는데, 이 전문가는 지배 계급의 선택에서, 다시 말해서 지배 계급이 전문가를 만들어 낼 목적으로 사용하는 몫의 잉여가치에서 태어나기 때문이다. 한편 중산 계급의 경우—지식인은 이 계급에 속한다—부르주아지와 프롤레타리아 사이의 불화를 스스로의 내부에서 깨달음으로써 처음부터 지식인과 동일한 갈등을 느끼고 있기는 하지만 그들의 모

• 지식인을 위한 변명

순이 지식인의 경우처럼 신화와 지식, 특수주의와 보편주의의 차원에서 체험된 것은 아니다. 그러므로 지식인이 누구로부터 일부러 그러한 모순을 표현해 달라고 위임받을 수는 없는 일이다.

지식인은 그가 누구로부터 위임장을 받은 일도 없고 어떤 권력으로부터도 자리를 배당받은 적이 없다는 사실로 특징지워진다고 말해야 할 것이다. 지식인 그 자체는 어떤 결정의 산물―의사나 교수 따위의 권력의 하수인처럼―이 아니라 기괴한 사회가 만들어 낸 기괴한 산물이다. 아무도 지식인의 존재를 알아주지 않는다 (국가도, 권력 엘리트도, 압력단체도, 소외된 계급의 조직체들도, 대중도, 그 누구도).

사람들은 지식인이 〈하는 소리〉에 민감한 반응을 보이는 수는 있으나 그의 존재에 대해서는 신경쓰지 않는다. 한 의사가 식이요법 처방을 해 주었을 경우 사람들은 일종의 오만함을 가지고 이렇게 말할 것이다. '바로 〈내〉 의사가 그렇게 이야기해 주더라'고. 그런데 지식인이 어떤 주장을 하고 사람들이 그 주장을 다시 인용할 때면, 지식인과는 아무런 관계없이 오직 그 주장만이 운위될 것이다. 그것은 마치 〈모든 사람〉의 주장과도 같아 보이는 〈익명〉의 주장이 되는 것이다. 지식인은 그가 만들어 낸 것을 사용하는 사람들의 의식에서조차 잊혀지고 만다.

이처럼 지식인에게는 아무도 최소한의 권리나 조그마한 자리마저 인정해 주려 하지 않는다. 사실상 본래 우리가 사는 사회 속에서 순수한 전문 지식인으로 남아 있기가 불가능하다는 체험적 사실에 의해 지식인 스스로 자신의 존재를 용납하지 않는 이상, 다른 사람이 그의 존재를 용납할 수 없는 것도 당연하다.

이렇게 정의해 보면 지식인이야말로 가장 불우한 인간이다. 그는 아예 처음부터 어떤 〈지식〉도 마음대로 탐구할 수 없으며 따라서 어떤 〈권력〉도 지닐 수 없으니, 엘리트 속에 낄 수 없다는 것은 뻔한 일이 아닌가. 교사들 중에서 지식인이 나오는 것은 흔히 있는 일이지만, 그는 무엇을 가르치네 하지는 않는다. 왜냐하면 그는 처음부터 〈모르기〉 때문이다. 교수라든가 학자일 경우 그들도 어떤 것들을 〈알고는〉 있다. 그러나 그 안다고 하는 것들이 진실한 법칙으로부터 추론된 것은 아니다. 지식인으로서 그는 〈연구〉나 할 수 있을 뿐이다. 보편성이 특수주의에 의해 또 진실이 신화—그 속에 진리가 담긴 듯이 보이는—에 의해 폭력적으로 혹은 교묘하게 제한되어 그로 하여금 〈조사자〉가 되게 한다.

그는 우선 〈자기 자신에 관해〉 조사한다. 세상에 의해 모순에 찬 존재가 되어버린 자기를 조화로운 통일체로 변환시키기 위해서. 그러나 자기 자신만이 그의 유일한 탐구 대상이 될 수는 없다. 왜냐하면, 그는 자기의 직업적 전문 영역에서 사용되는 엄밀한 탐구 방법을 자신의 사회—그를 만들어 낸—와 그 사회의 이데올로기, 그 사회의 여러 가지

• 지식인을 위한 변명

구조, 특권, 그 〈실천〉에 적용하지 않고는 자신의 비밀을 알아낼 수도 없고 자신의 유기체적 모순을 해결할 수도 없다고 생각하기 때문이다. 이 적용 방법이란 즉 탐구의 자유(이의 제기의 가능성), 조사와 증거의 엄밀성, 진리의 탐구(존재와 그 존재의 모순을 드러내는 행위), 얻어진 결과의 보편성 등이다.

하지만 연구 방법의 이러한 추상적 특성들만으로는 지식인 고유의 연구 대상에 적용될 방법으로 충분치 못하다. 지식인만의 특수한 연구 대상은 이중적인 측면을 가지고 있다. 이것은 서로 상반되면서도 또 상호보완적이다. 지식인은 사회의 산물인 만큼, 그는 사회 속에서의 자기를 파악해야만 하는데, 이것은 특정한 시기에 지식인들을 만들어 내는 사회 전체를 연구함으로써만 가능한 일이다. 이렇게 해서 자기 자신을 세계 속에 투영시키고, 세계를 자기 자신 속으로 되돌려 보낸다고 하는 끝없는 전환이 이루어지게 된다. 그렇기 때문에 지식인의 탐구 대상은 인류학의 탐구 대상과 구별되는 것이다.

사실 그에게 있어서 사회 전체를 〈객관적으로〉 바라본다는 것은 불가능하다. 사회는 근본적으로 모순의 형태로서 그의 내부에 존재하고 있기 때문이다. 그러나 그가 자기 자신을 단순히 〈주관적으로〉 문제 삼는 것에만 만족할 수는 없다. 왜냐하면 그는 그를 만들어 낸 일정한 사회 속에 끼어 있는 존재이기 때문이다. 이상과 같은 점들을 통해 우리는 다음의 사실을 알 수 있다.

1. 지식인의 탐구 대상은 우리가 방금 이야기한 추상적인 방법의 특수화*를 요구한다. 명확한 모순을 극복하기 위해서는 관점의 끝없는 전환이 필요하고, 이 전환 속에서 두 개의 순간―외면성(外面性)의 내재화(內在化)와 내면성의 재(再)외재화―은 밀접하게 연결되어져야 한다. 서로 모순되는 이 용어의 연결이야말로 다름 아닌 〈변증법〉인 것이다. 이것은 지식인이 지적해 낼 수 없는 방법이다. 그가 자기의 새로운 상황에 눈을 뜨고서 자기의 〈존재의 갈등〉을 해결하려 할 때도 그는 변증법적 방법에 대해서는 생각하지 못한다. 그에게 조금씩 그 방법을 깨닫게 해 주는 것은 바로 그의 탐구 대상이다. 왜냐하면 이 대상 자체가 이중적인 면을 가지고 있으며 각각의 면이 서로를 투영하고 있기 때문이다. 그러나 탐구가 끝나는 순간에 이르러서도 지식인은 부과된 방법을 명확하게 인식하지는 못하는 것이다.

2. 어쨌든 그의 탐구 대상의 양의성(兩義性)이 지식인으로 하여금 〈추상적 보편성〉을 멀리하도록 한다. 실상 18세기 《계몽 철학자들》의 오류는 보편적 연구 방법(즉 분석적 연구 방법)을 자기가 사는 사회에 직접 적용할 수 있다고

---

*혹은 개별화(個別化)라고도 옮길 수 있겠다.

• 지식인을 위한 변명

믿었던 점이다. 그러나 그들 자신이 〈그 사회 속에 살고 있었고〉 그 사회에 의해 역사적으로 조건지워져 있었으며, 그 때문에 그 사회가 지닌 이데올로기적 편견들이 그들의 실증적인 탐구 태도나 그 편견들과 싸우고자 하는 의지에 마저 속속들이 스며들어 있었던 것이다.

  이러한 오류를 범하게 된 이유는 분명하다. 즉 그들은 자신을 만들어 낸 계급을 위해 봉사하는 〈조직 내의 지식인〉이었으며 그들의 보편성이란 바로 자신을 보편적 계급이라 믿고 있던 부르주아 계급의 거짓된 보편성일 뿐이었던 것이다. 그러므로 그들이 인간을 탐구한다고 할 때도 그것은 부르주아 이외의 계급을 생각하지 못했다.

  진정한 지적 탐구가 가능하려면—진실을 가려놓고 있는 신화들로부터 진실을 끌어내기 위해—, 탐구자의 특수성을 문제삼지 않을 수 없다. 이데올로기에 의해 불가피하게 자기 지식이 갖게 된 한계를 자기 내부에서 또 자기 밖에서 파악하고 넘어서기 위해서는, 〈스스로의〉 위치를 사회라고 하는 세계 안에 설정해 놓을 필요가 있다.

  내재화와 외재화의 변증법이 작용할 수 있는 것은 바로 〈상황〉의 수준에서이다. 지식인은 끊임없이 자기의 사고(思考)를 반성해 보지 않으면 안 된다. 그럼으로써만이 늘 그것을 〈특수한 보편성〉, 다시 말해서 어린 시절부터 주입받은 계급적 편견—비록 자기의 사고는 그 편견에서 벗어나 보편성을 획득했다고 믿고 있을지라도—에 의해 특수화된 것임을 잊지 않게 될 것이다.

한 가지만 예를 들어보자. 〈인종주의〉(제국주의 이데올로기로서의)와 싸우기 위해서는 우리의 인류학적 지식에서 추론된 보편적 논리를 가지고 공격하는 것만으로는 부족하다. 보편성의 차원에서는 이러한 논리가 설득력을 가질 수 있으리라. 그러나 인종주의란 매일 매일의 일상생활에서 나타나는 하나의 구체적 태도이기 때문에 사람들은 진지하게 반(反)인종주의를 이야기하면서도 유년시절과 이어진 깊숙한 저 내면에서는 여전히 인종주의자로 남아 있을 수 있으며, 그렇기 때문에 일상생활 속에서는 자기도 모르는 사이에 인종주의자로서 처신하는 수도 있는 것이다. 그러므로 지식인은 비록 그가 아무리 인종주의의 배리성(背理性)을 폭로할지라도 자기라고 하는《이 유례없는 괴물》을 가혹하게 되돌아보는 끊임없는 자기 성찰을 통해 유년기부터 뿌리를 박고 있는 인종주의를 자기 속에서 제거해 버리지 않는다면, 아무 것도 하지 않는 것이나 마찬가지일 것이다.

이러한 단계가 되면 지식인은—전문 기술자로서의 자신의 작업과 자신의 봉급생활 수준 따위를 통해—자기가 선택된 쁘띠 부르주아임을 끊임없이 되새기면서 지배 계급의 영향아래 부르주아 이데올로기와 쁘띠 부르주아적 사고방식 및 감정을 자기 내부에서마저 필연적으로 재생산해 내는 자신의 계급과 싸우지 않으면 안된다. 그러므로 지식인은 자기

• 지식인을 위한 변명

고유의 영역 안에 무슨 보편성이라는 것이 미리부터 존재하고 있지는 않다는 것, 그것은 영원히 〈만들어 가야 할〉것이라는 사실을 깨달은 보편의 기술자이다.

지식인이 자신의 일 속에서 무엇인가 성취하려고 할 때 피하지 않으면 안될 커다란 위험 중의 하나는 너무 조급히 보편화하려는 태도이다. 알제리 독립 전쟁 당시 보편화에만 성급한 나머지 알제리인들에 의한 테러 행위를 프랑스인의 억압 행위와 마찬가지 이유로 비난하는 사람들이 있었는데, 이것이야말로 부르주아의 기만적 보편성과 동일한 유형에 속하는 태도다. 오히려 그와는 달리, 무기도 없이 경찰 체제에 쫓기는 가난한 자들의 반란인 알제리아인의 봉기는 〈마끼활동*과 폭탄〉을 택하지 않을 수 없었다는 사실을 알아야 했을 것이다.

이처럼 지식인은 자기 자신과의 싸움을 통해, 사회란 그 구조와 그 위치, 그들의 운명에 의해서 특수화된 개별적 집단들이 보편성의 법칙을 위해 투쟁하는 곳임을 알게 된다. 부르주아가 생각하는 것과는 반대로 지식인은 〈보편적 인간이란 존재하지 않는다〉는 사실을 깨달아야 한다. 그러면서도 동시에 그는 자기가 아직 보편적 인간이 아니라는 사실을 앎으로써, 그의 내부에서 그리고 그의 외부에서―또

---

*본래 코르시카섬의 밀림을 지칭하는 단어로서, 2차 대전중 독일군 점령하의 프랑스에서 항독 운동을 계속한 애국단체를 가리키게 되었다. 여기서는 알제리의 반프랑스 지하 저항 운동을 의미한다.

한 그 역으로—보편적 인간이란 〈이루어 나가야 할〉 존재라고 파악해야 한다. 시인 뽕쥬 *Francis Ponge*가 이야기한 것처럼 인간은 인간의 미래인 것이다.

부르주아의 휴머니즘과는 달리, 각성된 지식인은 이제 그 자신의 특수성과 함께, 바로 그 특수성 때문에 보편적 인간이라고 하는 것은 매일 매일의 구체적 작업을 통하여 이룩되어야 할 머나먼 목표물이라는 사실을 알게 되는 것이다.

3. 이런 이유로 해서 지식인에게 지나칠 정도로 자주 가해지는 다음과 같은 비난은 아무런 의미가 없는 것으로 보인다. 일반적으로 지식인은 순수하게 보편적인 것만을 중하게 여기고 살아가며 《지적》 가치 외에는 잘 모르는 추상적인 인간, 언제나 부정만 하는 존재, 감성적인 여러 가치에는 무감각한 이론쟁이, 다시 말해 《머리만 큰 사람》이라는 말들이 그것이다. 이러한 비난의 기원은 명백하다. 즉 지식인이란 본래 실용적 지식을 위해 일하는 사람인데, 대부분의 경우 지식인이 된 후에도 여전히 그러한 역할을 포기하지 않는다는 것이다. 그가 정밀한 과학적 방법론을 자기 본래의 분야 밖에까지 적용하려 든다는 것, 특히 모호하고 간

---

*프랑스의 시인. 「12편의 소품」, 「事物의 우리편」, 「송림수첩」 등 저서는 많지 않으나, 대부분 사물만을 소재로 한 시가 많고 인간까지도 사물화시켜 사물과 인간과의 새로운 관계를 바탕으로 진실을 찾으려고 한다.

• 지식인을 위한 변명

취(看取)해 내기 힘든 사상의 형태로서 또 혹은 그 속의 근본적으로 비이성적인 측면을 추켜세우기 위해 《감정적》이라느니 《생명력 있는》 따위의 수식어가 붙은 가치관의 형태로서 그에게 제시되는 지배자의 이데올로기를 자기 내면과 외부에서 쳐부수기 위해 그 방법론을 적용하려 한다는 것은 사실이다. 그러나 지식인의 목적은 실천적 주체를 실현하는 것, 그러한 존재를 만들어 내고 떠받쳐 줄 수 있는 사회의 제(諸) 원리를 발견해 내는 것이다.

그러한 작업을 해 가는 과정에서 그는 어떤 수준에서고, 어떤 분야에 대해서고 탐구를 진행하며 〈자신의 사고 뿐만이 아니라 감성마저도〉 변모시키려고 노력한다. 이것은 지식인이 가능한 한까지, 자기 속에 또 타인의 내부에, 진정한 인격의 통일성을 실현시키고자 하며, 인간 각자가 자기 활동에 부여된 목표들을 회복하도록 (이렇게 되면 그것은 새로운 목표가 된다)하고자 한다는 것, 그리고 〈외적으로는〉 계급 구조에서 비롯된 사회적 금기를 타파하고 〈내적으로는〉 심리적 억압과 자체검열 *autocensures*을 추방함으로써 소외 현상을 없애고 진정한 사상의 자유를 실현시키고자 한다는 사실을 의미한다.

그가 거부하는 감수성이 〈하나〉 있다면, 그것은 〈계급적〉 감수성이다. 예를 들어 인종주의자의 풍요하고 복잡한 감수성 같은 것 말이다. 그러나 그가 이런 감수성을 거부하는 이유는 보다 더 풍요한 감수성, 즉 상호적인 인간관계에 필요한 감수성을 위해서일 뿐이다. 그가 금방 그러한 인간 관계에 도달할 수 있다는 말은 아니다. 그러나 그것이 그가 제시하는 길이며, 〈스스로에게 제시된〉 길이다. 어떤 계급적 기원을 갖는 것이건, 이데올로기란 계급의식을 숨기고 기만하는 대용물로서 존재하기 때문에, 그는 이데올로기에 대해서 (그리고 그 〈구체적〉 결과들에 대해서) 이의를 제기하며 반대한다.

이처럼 지식인의 반대는 〈실천〉의 한 〈부정적 계기〉에 지나지 않는 것인데, 이 실천은 그 혼자서는 이룩할 수 없고, 오직 억압받고 빼앗기는 계층 전체에 의해서만 수행될 수 있는 것이다. 그리고 이 실천의 적극적인 의미는—비록 단순한 예상에 불과한 것이라 해도—먼 장래에 자유로운 인간들이 모여 사는 사회가 탄생되리라는 것이다.

4. 한 개별적 보편자가 다른 여러 개별적 보편자들에 대해 행하는 이러한 변증법적 작업이 처음부터 추상적으로 이루어져서는 절대 안된다. 도전받는 이데올로기는 매순간 〈사건〉을 통해 현실화된다. 이 이데올로기는 명확하게 정의된 명제들의 집합으로 우리 앞에 제시되기보다는, 특정한 사건을 해명하고 은폐하는 하나의 방식으로 나타나는 것이다.

예를 들어 인종주의는 때로—드문 경우지만—책들을 통해

• 지식인을 위한 변명

(드뤼몽 Drumont*이 쓴 「유태인의 프랑스」라는 책이 있잖은가?) 표현되기도 한다. 그러나 그보다는 그 동기가 가려진 여러 가지 사건들로 나타나는 경우가 훨씬 흔하다 (드레퓌스 사건을 예로 들 수 있다). 또 그것은 인종주의자의 폭력 (드레퓌스 사건의 경우처럼 〈합법적〉 형태로 나타나는 것이건, 혹은 린치를 통해 또 혹은 그 중간의 형태로 표현되는 것이건)에 대해 그것이 사건의 주요한 양상 중의 하나일 때 〈매스 미디어〉가 지나가는 말투로 그것을 정당화하는 태도를 취하거나 그에 대한 판단을 왜곡시키는 경우로 나타나는 것이다.

지식인은 자기 내부에 도사린 채 끊임없이 투쟁대상으로 나타나는 이 인종주의로부터 벗어나기 위해 책을 통해서 자기의 투쟁을 선언하고 자기의 사상을 표현할 수도 있으리라. 그러나 무엇보다도 중요한 것은 〈단순히 유태인이라는 이유만으로〉 한 사람을 처형하거나 혹은 슬라브 제국에서처럼 계획적으로 유태인을 대량 학살하는 따위의 행위를 정당화하려는 궤변을 〈행동을 통하여〉 끊임없이 고발하는 일이다. 간단히 말해서 편견에 사로잡힌 자들의 폭력을 적나라하게 보여 줌으로써 유태인 대량 학살 정책이나 법원의 인종주의적 판결을 타도할 구체적 사건을 만들기 위해 〈사건의 수준에서〉 일하는 것이 중요하다.

---

*E. A. Drumont(1844~1917). 프랑스 언론인. 「La libre Parole」紙를 창간하여 반유태주의의 지도자로서 상당한 정치적 영향력을 미쳤다. 특히 「유태인의 프랑스」는 유태인의 세력을 배제하기 위한 내셔널리즘적 분위기를 촉구하여 그와 비슷한 책들이 여러 권 나오게 했다.

• 제2부 지식인의 기능

 나는 여기서 하나의 사상을 포함하고 있는 사실을 〈사건〉이라고 부르고 있는데 이것은 다시 말해서 특수한 보편이라고 할 수 있다. 왜냐하면 그것은 한 나라 역사의 특정 시기에, 특정 장소에서 구체적으로 〈발생한〉 사건으로서의 특수성에 의해, 또 그 자체가 역사의 종합적 산물인 까닭에 그 역사를 요약하고 종합하고 있는 사건으로서의 특수성에 의해, 거기 포함된 사상의 보편성을 한정짓고 있기 때문이다. 이와 같은 사실은 무엇을 의미하는가? 그것은 지식인은 항상 구체적 사실과 마주치게 된다는 것, 그리고 그 사실에 대해서 그는 항상 구체적 해답을 가져야 한다는 것을 의미한다.

 5. 지식인의 가장 직접적인 적(敵)은 내가 〈사이비 지식인〉이라고 부르려 하는자들, 니장 Nizan*이 《집지키는 개》라고 이름지어 주었던 자들이다.
 이들은 지배 계급의 사주를 받아 자칭 엄격한 논리―말하자면 과학적 연구방법의 산물인양 제시되는 논리―를 통해 특수주의적 이데올로기를 옹호하려든다. 사실 그들에게 진

Paul Nizan(1905~1940). 1930년대 프랑스의 대표적 지식인. 싸르트르와는 고등사범학교 동급생이며 친구였다. 「아덴 아라비」, 「고대의 유물론자」 등의 에세이와, 「앙트완 블르와예」, 「트로이의 말」, 「음모」 등 사회문제를 다룬 소설을 썼다. 「집지키는 개」는 1932년에 발표된 에세이로서, 베르그송, 마르셀, 방다, 발레리 등 당시 일급 철학자, 사상가로 여겨지던 사람들을 서구 문명의 《집지키는 개》라고 통렬히 비판한 책이다.

• 지식인을 위한 변명

정한 지식인과의 공통점이 없는 것은 아니다. 그들 역시 실용적 지식의 전문가들인 것이다. 사이비 지식인들이 무엇보다도 〈돈에 팔려〉 그런 짓을 한다고 생각한다면 그것은 너무 단순한 생각이다. 전문 기술자로 하여금 사이비 지식인으로 만들어 버리는 거래행위는 보통 이상으로 신중하게 생각해 보아야만 제대로 알 수 있다.

상부구조의 말단 관리들은 자기들의 이해가 지배 계급의 이해와 밀착되어 있다고 느끼며—그것은 사실이다—그 사실만을 생각하고자 한다. 〈불리한 것〉은 아예 모르는 척하는데, 이것 역시 사실이다. 다른 말로 표현하자면 그들은 자기들 자신이 그렇기도 하고 또 그렇게 될 수도 있는데도 불구하고 인간의 소외에 대해서 조금도 생각해 보려 들지 않으며 관리로서의 자기네의 권력에만 정신을 쏟는 것이다. 그러므로 그들 역시 지식인과 비슷한 태도를 취하고, 지식인처럼 지배 계급의 이데올로기에 이의를 제기하고 도전하지만 그것은 결국 제풀에 지쳐 사라짐으로써 지배계급의 이데올로기는 어떤 도전에도 끄떡없다는 사실을 과시하도록 해 주는 정도의 기만적인 속임수에 불과한 것이다.

다른 말로 해서 사이비 지식인은 진정한 지식인처럼 〈아니다〉고 말하는 법이 없다. 그는 〈아니다, 하지만……〉, 또는 〈나도 잘 안다, 하지만 그래도……〉라고 즐겨 말한다. 이러한 논리들은 진정한 지식인을 혼란에 빠지게 한다. 그도 역시, 스스로의 존재를 곤혹스럽게 들여다 보는 일 없

• 제2부 지식인의 기능

이 순수한 전문 기술자로 남고 싶은 욕구에서 이런 논리들을 수긍하고 싶어하고 또 자기 자신에게 타협조로 적용해 보려 하는 관리로서의 경향이 강하기 때문이다.

그러나 그는 필연적으로 그 논리들을 거부하지 않을 수 없다. 그의 존재는 〈이미〉 돌이킬 수 없는 곤혹스런 괴물이 되어 있기 때문이다. 그러므로 그는 《개혁론자》들의 주장을 거부한다. 그는 그런 태도를 타기하면서 실상 더욱더 〈근본적 radical〉*으로 되어간다. 사실 근본주의 radicalisme와 지식인의 행위는 동일한 것에 지나지 않으며, 개혁론자들의 《온건한》 논리야말로 지식인에게 지배 계급의 원리 자체와 싸울 것인가 아니면 지배 계급에 반대하는 척 하면서 그 계급에 봉사할 것인가를 선택해야 한다는 사실을 보여 줌으로써 필연적으로 지식인이 근본주의적 입장에 서게 만드는 것이다.

예를 들어 프랑스의 많은 사이비 지식인들이(프랑스의 인도차이나 전쟁에 대해 혹은 알제리 독립 전쟁이 벌어지고 있는 동안에) 이렇게 말했었다. "우리의 식민지 통치 방식은 사실 도를 지나친 감이 있다. 우리의 해외 영토에는 너무 여러 가지 불평등이 존재하고 있기는 하다. 그렇지만 나는 그것이 어느 편의 것이건 폭력에는 반대다. 나는 백정이 되기도, 백정의 희생물이 되기도 둘 다 원치 않는다. 바로 그 때문에 나는 식민자에 대한 원주민들의 반항에 반대한

---

*혹은 급진적이라고 옮길 수도 있다.

• 지식인을 위한 변명

다."
　근본주의적인 입장에 서서 생각해 보면 이러한 사이비 보편주의자의 입장이란 결국 다음과 같은 말에 지나지 않음을 알 수 있다. "나는 피식민자들에 대한 식민자들의 만성적 폭력 (테러에 의해 지탱되는 끔찍한 착취, 실업, 영양실조)에는 찬성이다. 아무리 어떻더라도 그것은 결국에는 사라질 사소한 악이 아닌가. 그러나 나는 피식민자들이 자기들을 억압하는 식민자들에 대항하여 폭력을 행사하는 데는 반대다." 그러므로 근본적 사고를 하는 진정한 지식인은, 사람들이 억압자의 폭력에 대한 피억압자의 역(逆)폭력을 거부하는 이상, 억압자들을 향해 완곡한 비난이나 한다는 것은 (예를 들어 봉급 수준을 평등하게 하든지 아니면 적어도 뭔가 개선책을 시행해라, 또 제발 보다 더 많은 정의를 이룩해 보라는 투로) 무의미한 일임을 확인하게 된다.
　이들 억압자는 이러한 비난이 하나의 겉치레에 지나지 않는다는 것을 잘 알고 있다. 사이비 지식인의 요구는 억눌린 자들이 무력을 통해 정치적 권리를 주장하는 사태가 생겨서는 안된다는 것이다. 피식민자들의 대중적 봉기가 일어나지 않는 한, 식민 본국 내에 그들을 지지해 줄 수 있는 조직된 세력이 생겨날 수 없다는 사실을 식민자들은 잘 알고 있다. 그러므로 사이비 지식인들이 피식민자들에게 점진적 개혁의 환상을 심어 줌으로써 반항할 생각을 못하게 해주는 것은 그들 식민자의 입장에서 하나도 거북스

러울 게 없는 것이다.

따라서 지식인의 근본주의는 사이비 지식인들의 논리와 입장에 자극되어 더욱 더 철저한 것이 되어 간다. 사이비 지식인들과의 대화를 통해서 그들이 주장하는 점진적 개혁론과 그것의 현실적 결과들(〈현재 상태 Status quo〉)을 본 진정한 지식인들은 필연적으로 혁명적이 되지 않을 수 없다. 왜냐하면 점진적 개혁론이란 전문 지식 소유자들로 하여금 자기들의 고용주 즉 지배 계급과 일정한 거리를 두고 있는 듯이 보이게 하면서도 동시에 그 지배 계급에 봉사할 수 있게 해주는, 이중으로 유리한 논리임을 알게 되기 때문이다.

〈지금 당장〉 보편주의적 관점에 선 사람들은 〈안도감을 준다〉. 즉 사이비 지식인들 편에서 볼 때 보편적인 인간은 이미 이룩되어 있다. 진정한 지식인—다시 말해서 괴로움 속에서도 자신을 하나의 괴물 같은 존재로 파악하는 지식인—은 불안감을 준다. 그는 보편적 인간이란 〈앞으로 만들어 가야 할〉 존재라고 이야기하는 것이다.

많은 사이비 지식인들이 게리 데이비스 *Gary Davis* 운동*에 열광적으로 참여했었다. 이것은 〈지금 당장〉 세계 시민임을 표방하고 지구 위에 세계 평화를 건설한다는 것이었다. 어떤 베트남 사람이 이 운동에 가담하고 있던 사이비 프랑

---

*미국인이었던 *Gary Davis*는 1948년 자신이 세계 시민임을 주장하고 세계 정부의 설립을 요구하면서 자신의 신분증명서를 불태워 버렸다.

•지식인을 위한 변명

스 지식인에게 이렇게 말했다.

"좋은 생각이오. 그렇다면 지금 전쟁이 벌어지고 있는 곳은 베트남이니 그곳에 평화를 수립하도록 요구하는 일부터 시작해야 하지 않겠소?" 그랬더니 그 프랑스인은, "그것은 절대로 안되지요. 그렇게 되면 공산주의자들에게 유리할 뿐이니까."라고 대답했었다. 그는 보편적인 평화를 원하면서도 제국주의자에게 유리하거나 혹은 식민지 민중에게 유리하게 될 특정한 평화는 원치 않았던 것이다.

그러나 만약 어떤 특정한 평화도 없는 그저 보편적인 평화를 요구하게 될 때 사람들은 기껏 〈도덕적으로〉 전쟁을 타기하는 데 그칠 뿐이다. 그런데 이것은 미국의 존슨 대통령을 포함한 세상 사람 모두가 갖고 있는 태도다. 지식인들이란 전쟁을 〈도덕적으로〉 비난하면서, 폭력이 난무하는 우리 시대의 한 복판에 앉아 언젠가는 이상적인 평화―억눌린 자들의 승리를 통해 모든 전쟁이 끝나고 그 뒤에 세워질 새로운 인간 질서를 의미하는 평화가 아니라, 하늘에서 내려온 평화―가 이룩되리라고 꿈꾸고 있는 도덕주의자요, 이상주의자라는 생각은 바로 사이비 지식인들의 태도 때문에 생긴 것이다.

진정한 지식인은 〈근본적〉 입장에 서 있기 때문에 자신이 도덕주의자도, 이상주의자도 아님을 안다. 그는 베트남의 진정한 평화는 오직 피와 눈물 위에서 가능하다는 것, 그것은 그 민족 전체의 승리에 의해서만 가능하다는 것을

• 제2부 지식인의 기능

알고 있다. 다른 말로 하자면, 자신이 갖고 있는 모순의 성격 때문에 지식인은 우리 시대의 모든 갈등 속에 〈참여하지〉 않을 수 없는 것이다. 왜냐하면 이러한 갈등은 어느 것이나—그것이 계층간의 갈등이건 혹은 국가간의, 인종간의 갈등이건—지배 계급이 다른 불우한 계급들을 억압하는 데서 비롯되는 개별적인 문제들이며, 자기 역시 억눌린 자임을 의식하고 있는 지식인은 어느 경우에나 억눌린 자의 편에 서게 되기 때문이다.

그렇지만 다시 되풀이 말해야 할 것은, 지식인의 입장이 〈과학적〉 입장은 아니라는 사실이다. 그는 미지의 대상—지식인이 스스로의 허구를 폭로하면서 동시에 그 가면을 벗겨 내는 대상—에 대해 암중모색하면서 엄격한 방법을 적용한다. 그는 이데올로기들을 타파하고, 그 이데올로기에 의해 가려지고 뒷받침된 폭력을 적나라하게 드러내면서 실천적인 폭로 작업을 수행해 가는 것이다.

모든 인간이 〈진실로〉 자유롭고 평등하고 사랑에 가득찬 사회적 보편성이 어느날엔가 가능해질 수 있도록 하기 위해, 그날이 되면 비로소 지식인의 존재가 사라지고 인간들이 아무런 갈등없이 자유롭게 실용적 지식을 얻을 수 있으리라는 확신 속에서 지식인은 일해 간다. 지금 당장은 오직 자신의 변증법적 엄밀성과 근본주의라고 하는 길잡이만을 의지하면서 끝없이 탐구하고 또 실패하는 것이다.

2. 지식인과 대중

　지식인은 고독하다. 아무도 그에게 어떤 역할을 위임한 적이 없기 때문이다. 그런데—이것이야 말로 그가 가진 모순 중의 하나다—그는 다른 사람들이 함께 해방되지 않고는 스스로도 해방될 수 없게 되어 있다. 왜냐하면 모든 인간은 자기 고유의 목적을 갖고 있는데 체제가 끊임없이 그 목적을 〈훔쳐가기〉 때문이다. 그리고 이러한 소외는 지배 계급에까지 번져가서 이 계급의 구성원들마저도 자기네에게 속하지 않은 비인간적인 목적, 말하자면 근본적으로 〈이익〉을 위해서 일을 하게 되어 있는 것이다. 그러므로 지식인은 자기 고유의 모순이 결국 객관적 모순의 특수한 표현임을 깨닫고서, 자신과 타인을 위해 이러한 모순과 싸우는 모든 인간에게 연대감을 느끼는 것이다.
　하지만 단순히 자기에게 주입된 이데올로기를 〈연구〉하는 것만으로 지식인이 자기 임무를 다 해내리라고 생각할 수는 없다 (예를 들어, 이데올로기에 평범한 비판방법을 적용한다든지 해서). 사실 그것은 〈그 자신의〉 이데올로기이기 때문이다.

● 제2부 지식인의 기능

그것은 그의 생활방식으로서 (그가 〈현실적으로〉 중산계급의 일원인 것처럼) 또 자기 코 위에 걸어 놓고 그것을 통해 세상을 바라보는 안경과 같은 자신의 〈세계관 Weltanschauung〉으로서 표현된다. 그가 괴로워하는 모순은 처음에는 단순히 괴롭다는 느낌으로밖에 체험되지 않는다. 그 모순을 〈바라보기〉 위해서는 그 모순과 어느 정도의 〈거리를 두고〉서 있어야 할 것이다. 그런데 그러기 위해서는 누군가의 도움이 필요하다. 사실 상황에 의해 철저히 조건지워진 이 역사의 하수인은 〈고공 의식〉*과는 반대되는 것이다. 만일 그가 자기 자신을 알기 위해 (마치 우리가 과거의 사회를 알아볼 수 있듯) 미래 속에 자리 잡고 있으려 든다면, 그는 완전히 자신의 목표를 잃게 될 것이다. 그는 미래라는 것을 모르며, 설혹 미래의 한 귀퉁이를 언뜻 보았다 하더라도 그것은 자기 내부에 도사린 편견을 가지고, 다시 말해서 자기의 경향성처럼 되어 있는 모순을 근거로 하여 안 것일 뿐이기 때문이다. 그가 만일 지배 계급의 이데올로기를 판단하기 위해 관념적으로 사회 밖에 서서 바라보는 태도를 취할 경우, 그는 〈기껏해야〉 자기와 함께 그 모순마저도 사회 밖으로 가지고 나가 버리는 꼴이 될 것이고, 잘못하면 (경제적으로) 중산계급 위에서 군림하고 있는 대(大) 부르주아지와 자신을 일치시키고 그리하여 아무런 반대 없이 그들의 이데올로기를 받아들이게 되고 말 것이다. 그러므로

---

*비행하는 동안에 일어나는, 평상시와는 다른 특수한 의식 상태

• 지식인을 위한 변명

자기가 사는 사회를 이해할 수 있는 방법은 단하나, 가장 혜택받지 못한 계층의 관점에서 사회를 바라보는 것이다.

이들 계층은 보편성을 대표하지는 않는다. 보편성이라는 것은 아무 데도 없는 허구일 뿐이다. 그들은 억압과 착취에 의해 특수화된 〈압도적 다수〉이다. 자기 고유의 목적을 박탈당하고 (전문 지식 소유자들과 꼭 마찬가지로), 자기들 손으로 만들어지면서도 동시에 자기들의 임무를 규정해 버리는 생산품들에 의해 존재가 규정되는 특별한 생산도구로 전락함으로써, 그들은 이 억압과 착취를 통해 자기들 생산물의 생산물이 되어 버린다. 이처럼 부조리한 특수화에 대항하여 싸우다 보면 그들 역시 보편성을 추구하게 된다. 그러나 이것은 자기를 보편적 계급이라고 생각할 때의 부르주아지의 보편성일 수는 없다. 그것은 특수주의가 사라지고 분열없는 사회가 출현할 때 가능한 보편성, 부정(否定)적 기원을 갖는 구체적 보편성이다.

위에서 결정되어 포고되다시피 한 이데올로기 전체를 거리를 두고 바라보기 위해서는, 그 존재 자체가 이데올로기의 모순을 폭로하고 있는 사람들 곁에 자기 자신을 두는 길밖에 없다. 산업 프롤레타리아와 농촌 프롤레타리아는 그들이 존재하고 있다는 사실만으로도 우리들 사회가 특수주의적이며 계층으로 구조화되어 있음을 보여준다. 세계의 30억 인구 중에 20억이 영양실조에 걸려 있다는 사실은 현대 사회가 지닌 또 하나의 근본적 진실이다. 〈이 사실〉말

●제2부 지식인의 기능

고도 사이비 지식인들이 만들어 낸 풍요 운운의 어리석은 이야기는 진실일 수 없는 것이다.

  소외된 계층은—비록 그들의 각성이 일정 불변한 내용의 것이 아니고 그들의 사고 속에 부르주아 이데올로기가 깊숙이 배어들어 있을 수도 있지만—그들의 〈객관적 지성〉에 의해 특징지워지고 있다. 이 지성은 태어나면서부터 가지게 된 것은 아니고, 사회를 바라보는 그들의 〈관점〉에서 생기게 된 것이다. 그들의 〈정책〉이 무엇이건—그것은 지배 계급이 주입시킨 가치체계가 얼마만큼 그들의 객관적 지성을 흐려 놓는가에 따라 체념이 되기도 하고 고고함이 되기도 하고 혹은 개량주의가 되기도 한다—그들의 관점이야말로 근본적이다.

  이 객관적 관점이, 가장 근원적인 지점에서 다시 말하자면, 근본적으로 되는 데 가장 적합한 저 맨 밑바닥에서 사회를 바라보는 〈민중적 사고〉를 만들어 내는 것이다. 이것은 지배 계급과 그 동맹 계급을, 밑에서 위로 〈거슬러서〉 바라보는 태도이며, 그런 계급을 문화적 엘리트로 보지 않고 거대한 동상들의 집합—그 동상의 전 무게를 밑에서 받치고 있는 것은 바로 생산하기 위해 일하는 계층이다—으로 보며, 비폭력의 차원, 상호 이해와 공손함의 차원에서 (서로 같은 수준에 서서 상대의 눈을 들여다 볼 수 있는 부르주아들이 그렇듯이) 바라보지 않고, 폭력(참고 견디는)과 소외된 노동과 먹고 살 기본적 빵의 관점에서 바라보는 태도이다. 그 근본적이고 단순한 사고를 지식인이 배울 수 있다면 그는 자기

• 지식인을 위한 변명

의 진정한 위치를 알 수 있게 될 것이다.

 자기의 계급을 부정하면서도 그 계급에 의해 이중으로 조건지워진 (그는 그 계급에서 태어났고, 그 계급이 그의 사회 심리학적 <배경>을 이루며, 지식 전문가가 됨으로써 그는 다시 그 계급 속에 편입되는 것이다) 존재, 대중이 생산해 내는 잉여가치에서 봉급과 사례금을 받아감으로써 온 무게를 대중 위에 지탱하고 있는 존재, 그것이 바로 자기임을 밑에서 위로 일목요연하게 알아보게 될 것이다. 그는 자기가 처해 있는 애매한 입장을 분명하게 인식하게 될 것이며, 또한 엄밀한 변증법적 연구 방법을 근원적인 사실들에 적용함으로써 대중 내에서 또 그 계층을 통해 부르주아 사회의 진실을 깨닫게 될 것이다. 대중이 할 일은 오직 그들을 짓누르고 있는 우상을 타파하는 것임을 깨닫는 그는, 자기에게 남아 있는 개량주의적 환상을 포기하고 근본주의적 태도를 가짐으로써 혁명가가 된다. 그렇게 되면 이제 그의 새로운 과제는 민중을 마비시키는 이데올로기들이 <민중 내부에> 쉴새없이 되살아나는 것과 싸우는 일이 될 것이다.

 그러나 이 차원에서 새로운 모순들이 생겨난다.

1. 무엇보다도 혜택받지 못한 계층 그 자체로는 지식인을 배출해 낼 수 없다는 점이 있다. 왜냐하면 지배 계급이 <자본으로서의 기술>을 창출해 내고 증대시킬 수 있는 것은 바로 자본의 축적이 있기 때문이다. 확실히 소외된 계

층 내에서도 《제도》를 통해 전문 지식 소유자들이 일부 (프랑스의 경우 10%) 배출될 수도 있다. 그러나 그들이 비록 대중 계급 출신이라 하더라도 그들이 가진 직업의 성격, 봉급, 생활 수준에 의해 그들은 곧 〈중산 계급〉에 편입된다. 다른 말로 해서 혜택받지 못한 계층은 자기네의 객관적 지성을 대변해 줄 자기 계층 내의 유기적 지식인을 배출해 내지 못한다는 것이다. 프롤레타리아의 유기적 지식인이란, 혁명이 이루어지기까지는 〈또 하나의 *in adjecto*〉 모순일 뿐이다. 더욱이 설혹 그런 지식인이 존재할 수 있다 하더라도, 자기의 상황 자체에 의해 보편을 요구할 수밖에 없는 계층에 태어난 그는 우리가 앞서 이야기한 부르주아 출신의 지식인, 불행한 의식으로써 정의되는 그 괴물과 같을 수는 없을 것이다.

2. 이 첫번째 모순의 필연적 귀결로서 다른 또 하나의 모순이 생겨난다. 즉, 지식인은 혜택받지 못한 계층에 의해 유기적으로 생성될 수는 없는 존재이기 때문에, 어떤 경우에나 그 계층과 연결되어 그들의 객관적 지성에 동화되고 자신의 정밀한 연구방법의 토대를 민중적 사고에 의해 형성된 원칙 위에 두려고 하는데, 그런 태도는 금방 민중(그가 손을 내밀려고 했던)의 불신하는 눈초리와 마주치게 된다 (이것은 〈당연한〉 일이다). 실제로 노동자들은 그에게서 중산 계층, 다시 말하면 원래 부르주아지의 공범자인 계층의 일

• 지식인을 위한 변명

원을 볼 수밖에 없는 것이다. 그러므로 지식인은 그들의 관점 (〈보편화〉의 관점)을 채택하고자 원하지만 그 관점의 소유자들과는 두터운 장벽에 의해 분리되어 있다.

　이런 사실을 가지고 흔히 권력층과 지배 계급, 중산 계급은 그들이 주는 봉급으로 살아가는 사이비 지식인들의 힘을 빌어 지식인을 비난하는 논리를 편다. 어릴 때부터 부르주아 문화에 젖어 있었고 또 중산 계급 속에서 살아가고 있는 쁘띠 부르주아인 당신들이 어떻게 감히 당신들이 접촉해 본 일도 없고 당신들과의 접촉을 바라지도 않는 노동 계층의 〈객관적 정신〉을 대변한다고 주장할 수 있느냐고. 사실 여기에는 하나의 악순환이 있는 것 같다. 즉 지배 계급의 이데올로기인 특수주의와 싸우기 위해서는 그 존재 자체로서 이미 그것을 타기하고 있는 자들의 관점을 취해야 하는데, 이 관점을 취하기 위해서는 쁘띠 부르주아였던 적이 결코 없어야 할 것이다. 왜냐하면 우리에게 행해진 교육은 처음부터 뼛속 깊이까지 배어들어 오기 때문이다. 그리고 쁘띠 부르주아에게 있는 특수주의적 이데올로기와 보편주의적 지식 사이의 모순이야말로 지식인을 만들어 내는 것이기 때문에, 쁘띠 브루주아는 〈결코 지식인이어서는 안 되는〉 것이다.

　지식인들은 이 새로운 모순을 분명하게 의식하고 있다. 그들은 흔히 이 벽에 부딪쳐 더 이상 나갈 것을 포기하곤 한다. 소외된 계층에 대해서 〈지나치게 겸허한 태도〉를 취

● 제2부 지식인의 기능

한다거나(그들이 <자신을> 프롤레타리아라고 칭하거나 혹은 프롤레타리아인 <척> 하려는 끊임없는 유혹도 거기서 비롯된다), 지식인들 상호간에 불신이 생긴다거나 (그들은 서로, 상대방의 사고체계가 어딘지 모르게 부르주아 이데올로기의 영향을 벗어나지 못한 것 같다고 수상쩍어 하는데 이것은 그 자신이 <변신되고 싶어하는> 쁘띠 부르주아이며 그러한 자신의 모습을 다른 지식인들에게서 보기 때문이다), 자기에 대한 불신 앞에서 좌절하여 뒷걸음질을 쳐보지만 또다시 단순한 지식 기술자가 될 수는 없기 때문에 결국 <사이비 지식인>으로 전락해 버리는 따위가 모두 그런 데서 유래하는 것이다.

대중 정당에 가담한다는 것도—이것 역시 지식인에 대한 또 하나의 유혹이다—문제를 해결해 주지 않는다. 다른 당원들의 불신은 여전히 남아 있기 때문이다. 당 내부에서의 지식인과 이론가들의 중요성에 대한 토론이 끊임없이 이루어진다. 이것은 프랑스에서 흔히 경험할 수 있었던 사실이며 일본의 경우도 1930년경 후꾸모도(福本知夫) 시대에 공산당원이었던 미주노(水野)가 일본 공산당은《부패한 지식인들의 쁘띠 부르주아적 이데올로기에 의해 지배되는 이론 싸움 집단》이라고 비난하면서 탈당했었던 일이 있다.

자, 그러니 누가 과연 자기는 객관적 지성을 대변하고 있다고, 자기는 그 이론가라고 자신있게 말할 수 있겠는가? 예를 들어 메이지 유신이 부르주아 혁명이라고 단정하는 이론가들과 그것을 부정하는 이론가들 사이에 논쟁이

• 지식인을 위한 변명

일어난 일이 있었는데 그들 중 누가 과연 객관적 지성을 대변하는 자라고 할 수 있겠는가? 그리고 당의 방침에 따라 정치적인 이유(즉 현실적 이유)에 의해 그에 대한 판단이 내려진다고 할 경우, 누가 그 이유가 바뀐 뒤에도 당 지도부의 인적 구성이나 그 견해가 변하지 않으리라고 말할 수 있겠는가? 만일 그렇다면 단죄된 이론을 조금이라도 더 오래 가지고 있는 사람은 〈부패한 지식인〉, 다시 말해서 그저 지식인으로서 취급될 것이 틀림없다. 왜냐하면 부패야말로 모든 지식인이 (자기 속에 그것이 존재함을 알고) 대항해 싸우려고 하는 뿌리깊은 성격이기 때문이다.

그러므로 쁘띠 부르주아 지식인들이 자기들 고유의 모순 때문에 노동 계층을 위해 일하게 된다 하더라도 그것은 모든 책임을 한 몸에 지고 그들에게 봉사하는 것이며, 그들을 위한 이론가가 될 수는 있어도 결코 그들과 한 몸처럼 된 그들의 유기적 지식인이 되지는 못한다. 그리고 자기가 지닌 모순도 비록 그 모순이 밝혀지고 이해되었더라도 끝까지 사라지지 않고 남는 것이다. 이런 사실이야말로 지식인들은—우리가 앞서 보았듯이—〈누구로부터도〉 어떤 역할을 위임받을 수 없다는 증거이다.

3. 知識人의 역할

 이 두 가지의 새로운 모순은 또 다른 장애물임이 분명하지만 그렇게까지 심각한 것은 아니다. 사실상 소외된 계층이 필요로 하는 것은 어떤 〈이데올로기〉가 아니라 사회에 대한 구체적 진실인 것이다. 말하자면 그들은 자기 자신에 관한 신화적 표현을 가지고는 할 일이 없다. 그들은 세계를 변화시키기 위해 세계를 알아야 할 필요가 있는 것이다. 이것은 그들이 〈상황에 처해지기〉를 요구하는 동시에 (왜냐하면 한 계층의 인식 속에는 다른 모든 계층의 인식과 또한 그들의 세력 관계가 내포되어 있기 때문이다) 그들의 〈유기적 목적〉과 그 목적에 이를 수 있게 해 줄 〈실천〉을 찾아낼 것을 요구한다는 것을 의미한다. 간단히 말해서, 그들은 자기들의 구체적 진실을 소유해야만 한다는 것이다. 즉, 그들은 자기 자신을 〈역사적 특수성〉(두 차례의 산업혁명이 계급의 특수성에 관한 기억을 남겨 둔 채 그들을 변화시켰다고 하는 의미에서의 특수성, 즉 과거의 구조에 의해 물질적으로 존속하고 있는 특수성) 속에서 뿐만 아니라 동시에 〈보편화를 위한 자기들의 투쟁〉(말하자면 착취와 억압, 소외, 불평등, 이윤

• 지식인을 위한 변명

증대를 위한 노동자의 희생 따위와의 싸움) 속에서 자신을 파악하고자 한다는 것이다. 이 두 가지 요구의 변증법적 관계가 사람들이 말하는 〈계급의식〉이라는 것이다. 지식인이 민중에 봉사할 수 있는 것은 바로 이 수준에서다.

지식인도 《혜택받지 못한》 계급도 모두 〈상황에 처해진〉 존재이기 때문에 지식인이 보편적인 지식 전문가로서 봉사한다는 것은 아직 불가능하다. 그러나 분명히 〈특수한 보편자〉로서는 봉사할 수 있다. 왜냐하면 지식인들에게 있어서의 각성이란 자기들의 계급적 특수주의와 보편화의 임무에 대한 깨달음을 뜻하기 때문이다. 그러므로 누가 지식인더러 자기의 특수성을 버리고 〈특수로부터 출발하여〉 특수의 보편화를 지향해 간다고 비난할 것인가? 그리고 노동 계층은 단숨에 보편 속에 자신을 위치시키는 것이 아니라, 현재 있는 그대로의 모습에서 출발하여 세계를 변화시키고자 하기 때문에, 보편화를 지향하는 지식인의 노력과 노동 계층의 운동 사이에는 영원한 평행선이 그어지게 된다.

이런 의미에 있어서, 지식인이 비록 처음부터 이러한 계층 속에 〈위치해〉 있을 수는 결코 없지만 그가 중산 계급의 일원으로서나마 자신이 〈상황에 처해진 존재〉임을 깨닫는다는 것은 좋은 일이다. 그리고 그에게 있어서 자신의 상황을 거부하는 일이 중요한 것은 아니다. 그보다는 그 상황에서 얻은 경험을 이용하여 노동 계층을 〈상황지워〉 주고, 자기의 보편적 기술이 자기로 하여금 이 계층의 보편화 노력에 길잡이가 될 수 있도록 해주는 것이 중요하다.

이러한 수준에서 지식인을 만들어 낸 모순이 그로 하여금 보편적 방법(역사적 연구 방법, 구조에 대한 분석, 변증법)을 적용하여 프롤레타리아의 역사적 특수성을 연구할 수 있게 해 주며, 보편화의 노력을 프롤레타리아의 특수성(그는 스스로가 특수한 역사로부터 비롯된 존재이며, 혁명의 <구현자>일 것을 얼마나 강하게 요구하느냐에 따라 그만큼 그 역사를 자기 속에 간직하고 있는 존재다) 속에서 파악할 수 있게 해준다. 변증법적 방법을 적용하며, 보편적 필요에 입각하여 특수를 파악하고, 보편이란 특수성이 보편화를 향해 나아가는 움직임이라고 여길 때 비로소 지식인은—자기 존재를 구성하는 자체의 <모순을 깨달은 존재>로서의—프롤레타리아의 각성에 도움을 줄 수 있게 된다.

그러나 그가 지닌 계급적 특수성은 이론가로서의 그의 노력에 끝없이 함정을 파 놓을 수 있다. 그러므로 지식인은 끝없이 재생하는 <이데올로기>, 자신의 근원적 상황과 형성 과정에 의해 영원히 새로운 형태로 부활하는 그 이데올로기에 대항하여 부단히 싸우지 않으면 안 되는 것이다. 그러기 위해서 그는 다음의 두 가지 방법을 동시에 사용하지 않으면 안 된다.

1. <영원한 자기 비판>이 있어야 한다 (보편적인 것—실용

• 지식인을 위한 변명

지식 전문가로서 그가 실제로 사용하는 것, $y=f(x)$ 따위—을 특수화된 사회집단이 보편화를 향해 쏟는 개별적 노력과 혼동해서는 안 된다. 즉 지식인이 만일 자신을 보편적인 것의 수호자라고 생각한다면, 그는 즉시로 특수한 존재로 전락하고 만다. 다시 말해서 자기를 보편적 계급으로 간주하고 있던 부르주아지의 낡은 환상에 다시 젖어드는 셈이 되는 것이다). 그는 끊임없이 자기 자신이 계급적 한계를 뛰어넘으려 하는 쁘띠 부르주아이며, 자기에게는 항상 쁘띠 부르주아적인 사고체계를 형성할 위험이 있다는 사실에 대해 자각하고 있어야만 한다. 그는 자기가 결코 보편주의(그 자체에 이미 <한계>가 지워져 있으며 그 때문에 보편화로의 노력에서 다양한 특수성을 제거해 버리는)나 인종주의, 민족주의, 제국주의 등으로부터 자유로울 수 없다는 사실을 알고 있어야 한다. (프랑스에서는 자신이 우파적 입장에 결코 동조할 수 없음을 알면서도 그 입장을 <존중>해 주는 좌파를 ≪겸허한 좌익 *gauche respectueuse*≫이라고 부른다. 알제리 전쟁 당시의 ≪우리네 좌익≫이 그런 식이었다).

이러한 갖가지 독소는 비록 지식인이 그것을 부정하더라도 그 부정 자체 속에 이미 스며 들어와 있을 수 있다. 그렇게 볼 때, 미국의 흑인들이 반(反)인종주의적인 백인 지식인들의 온정적 간섭주의 *paternalisme*를 공포에 가까운 심정으로 거부하는 것은 지극히 당연한 일이라 하겠다.

그러므로 지식인이 노동자들의 편에 가담할 수 있기 위해서는 '나는 더 이상 쁘띠 부르주아가 아니다. 나는 보편의 세계에서 자유롭게 살아가고 있다'고 말해서는 안 된다. 오히려 그와는 반대로 '나는 쁘띠 부르주아다. 〈나의〉 모순을 해결하기 위해 내가 노동자, 농민의 편에 섰다고 할지라도 나는 여전히 쁘띠 부르주아로서 〈존재〉하는 것을 멈출 수 없다. 단지 끝없이 나를 비판하고 철저하게 함으로써 조금씩 조금씩—나 이외의 누구에게도 상관없게—나의 쁘띠 부르주아적 모순을 거부할 수 있을 것이다'고 생각해야 할 것이다.

2. 혜택받지 못한 계층의 행동에 대해 구체적으로 또한 철저하게 연대를 맺어야 한다. 사실상, 이론이라는 것은 〈실천〉의 한 계기에 지나지 않는다. 그것은 즉, 여러 가지 가능성들을 측량해 보는 계기일 뿐이다. 그러므로 비록 이론이 〈실천〉을 분명하게 밝혀 주는 것이 사실이라고 해도 그 이론은 전체적 기도(企圖)에 의해 규제되고 또 그에 의해 〈개별화〉된다고 하는 것 역시 사실이다. 왜냐하면 이론이란 그 자체로서 등장하기에 앞서 〈항상 개별적인〉 행위의 내부에서 유기적으로 만들어져 나오기 때문이다.

그러므로 지식인에게 중요한 것은, 행동이 시작되기도 전에 그에 대해 시비 판단을 내리는 것도 아니고, 그 행동이 조속히 이루어지도록 촉구하는 것도 아니며, 혹은 그 행동의 여러 계기를 지시해 주는 것도 아니다. 오히려 그 반대로 행동을 〈진행중에 있는 것으로서, 기본적 힘〉(자연

• 지식인을 위한 변명

발생적 파업 혹은 <조직>에 의해 지도된 파업처럼)의 수준에서 파악하고, 거기에 자신을 통합시키며, 그 속에 구체적으로 참여하고, 그 행동이 자기 속에 파고들어 자기를 이끌어 가도록 몸을 맡기는 것, 그리고 그때야 비로소 필요하다고 느껴지는 정도에 따라 그 행동의 성격을 해부하고 그것의 의미와 가능성들을 밝혀 주는 것이 중요하다. 지식인이 공통의 실천을 통해 얼마만큼 프롤레타리아의 전체 운동에 통합되는가에 따라, 그는 내적인 모순 가운데서 (행동의 기원은 특수한 것이지만 그 목적은 보편화에 있다) 프롤레타리아의 계급적 특수성과 보편화를 지향하는 그들의 욕구를 하나의 힘으로서 즉, 자기에게 낯설면서도 동시에 익숙한 (왜냐하면 지식인 역시 같은 목적을 갖고 있으며 같은 위험을 무릅쓰기 때문이다) 하나의 힘, 자기를 원래의 모습에서 상당히 달라지게 만들어 주었으면서도 항상 저만큼 손이 미칠 수 없는 거리에 놓여 있는 힘으로서 파악할 수 있게 된다.

　프롤레타리아를 친근하면서도 낯설게 느낀다는 사실은 프롤레타리아라고 하는 〈하나의〉 존재가 지닌 특수성을 파악하고 그 보편적 요구를 이해하는 데 가장 적합한 조건이라 할 수 있다. 보편의 전문가가 민중의 보편화 운동에 기여하는 것은, 바로 한번도 그들과 동화된 적이 없고 격렬한 행동중에 마저도 그들로부터 따돌려지려는 인간, 갈갈이 찢긴 채 다시 이어 붙일 수 없는 분열된 의식을 지닌 인간으로서인 것이다.

그는 결코 완전히 그 운동 속에 들어갈 수도 없을 것이고 (계급 구조의 영향이 깊이 뿌리 박고 있기 때문에 그는 어디에도 속하지 못하게 된다) 그렇다고 전적으로 운동 바깥에 서 있을 수도 없을 것이다 (왜냐하면 어쨌건 그가 행동을 시작하자마자 지배계급과 그에 속한 계급은―자기들이 베풀어 준 전문지식을 자기들에 대항하기 위해 사용하는 까닭에―그를 배반자로 보게 되기 때문이다).

특권 계급으로부터 추방되고 그러면서도 혜택받지 못한 계급으로부터는 수상쩍은 눈길을 받으면서 (그가 그들을 위해 제공하는 그의 교양 자체 때문에) 지식인은 이제 자신의 일을 시작할 수 있게 된다. 그러면 결국 지식인의 일이란 무엇일까? 내 생각으로 그것은 다음과 같이 이야기할 수 있을 것 같다.

1. 그것은 대중 계급 내에서 영원히 되풀이되어 나타날 이데올로기와 싸우는 일이다.

말하자면 이들 계급이 자기들 자신과 자기네의 권력에 대해 행할 수 있는 모든 이데올로기적 표현을 내적으로, 외적으로 파괴하는 일이다 (예를 들어서 ≪절대 불멸의 영웅≫, ≪개인 숭배≫, ≪프롤레타리아 찬양≫ 따위는 노동 계급에 의해 만들어진 것처럼 보이지만 이것은 사실 부르주아 이데올로기로부터 빌려 온 것에 지나지 않는다. 그러므로 그런 것들을 파괴해야 하는 것이다).

• 지식인을 위한 변명

2. 지배 계급에 의해 주어진 자본으로서의 지식 *capital-savoir*을 민중문화를 고양시키기 위해 사용하는 일이다. 말하자면 보편적 문화의 기초를 닦아야 한다.

3. 필요하다면, 그리고 〈현재 같은 상황에서는〉 혜택받지 못한 계급 안에서 실용지식 전문가들이 배출되도록―이들 계급 자체로서는 그것이 불가능한 일이기 때문에―해야 하며, 그들로 하여금 노동계급의 유기적 지식인이 될 수 있도록 혹은 적어도 그런 지식인―이들을 창조한다는 것은 사실 불가능하다―에 가장 가까운 전문가가 되도록 해야 한다.

4. 지식인 고유의 목적(지식의 보편성, 사상의 자유, 진리)을 되찾고, 그 속에서 투쟁을 통해 도달해야 될 〈만인을 위한〉 현실적 목표 즉 인간의 미래를 보아야 한다.

5. 눈앞의 당면과제를 넘어서, 궁극적으로 성취해야 할 목표, 즉 노동 계층의 역사적 목적으로서의 보편화를 보여줌으로써 진행중에 있는 행동을 근본적인 것으로 만들어야 한다.

6. 〈모든 권력에 대항하여〉―대중 정당이나 노동 계급 조직 기구에 의해 표현되는 정치 권력까지 포함하여―대중이 추구하

는 역사적 목표의 수호자가 되어야 한다.

목적이란 사실상 여러 가지 수단들의 총체라고 규정되는 까닭에 어떤 수단이건 그것이 효과있는 것이기만 하다면 (단 추구하는 목적을 변질시키는 수단은 〈제외하고〉) 좋은 것이다라는 원칙에 따라 이들 수단을 검토해 보아야 한다.

이중 여섯번째의 것은 지식인에게 새로운 어려움을 초래하게 된다. 즉, 민중운동에 헌신하는 이상, 지식인은 대중 조직을 약화시키지 않도록 하기 위해 규율을 준수해야만 한다. 그러나 또 한편 여러 수단이 목적에 대해 가지고 있는 현실적 관계를 밝혀 내야 하는 이상 그는 목적이 그 근본적 의미를 상실하지 않도록 끊임없이 비판해야 하는 것이다. 그러나 이런 모순에 대해 우리가 너무 신경쓸 필요는 없다. 〈그것이 바로 그의 일이다〉. 얼마쯤 다행스럽기도 하고 혹은 그렇지 못하기도 한 가운데 〈긴장 속에서〉 살아가야 하는 것이 투쟁하는 지식인의 일인 것이다.

우리가 이 문제에 대해 말할 수 있는 것은, 대중 정당이나 대중 조직 내에 정치 권력과 결합된 지식인이 존재해야 한다는 사실이며—이것은 최대한의 규율과 가능한 최소한의 비판을 의미한다—, 또한 정당 밖에는 개인적으로 운동과 연결된, 그러나 바깥에 서서 연합하고 있는 지식인들이 있어야 한다—이는 최소한의 규율과 가능한 최대한의 비판을 의미한다—는 사실이다.

• 지식인을 위한 변명

    이 양자 사이(말하자면 기회주의자와 좌파 사이)에는 두 입장을 오락가락하는 지식인들의 완충지대가 있다. 정당에 가입하지 않았음에도 규율을 준수하는 사람들과 정당을 뛰쳐나올 각오를 하고 냉혹한 비판을 서슴지 않는 자들이 그들인데, 그들에 의해서 적대관계 대신 일종의 상호 침투적인 영향이 생기게 된다. 〈누군가는〉 정당에 가입하기도 하고 〈누군가는〉 떠나기도 한다. 그것이 무슨 상관이랴. 적대관계가 약화된다 할지라도, 영원한 모순과 알력은 바로 지식인이라고 하는 이 사회 집단 전체의 운명으로 남아 있는 것이다. 그들 가운데는 인텔리겐챠의 문제를 이해할 수 있는 유일한 첩자 즉 사이비 지식인들이 수없이 섞여 있기 때문이다. 자기가 보편화를 향해 노력해 가는 시대가 아니라 보편화가 이미 이루어진 시대에 살고 있다고 믿는 사람들만이, 수없이 이루어지는 논쟁, 불화야말로 인텔리겐챠의 내적 규약인 듯이 보이게 만드는 이 논쟁에 대해 놀랄 것이다.

    사상이 모순과 갈등을 통해 전진해 간다는 것은 확실하다. 이러한 대립은 지식인들을 심각할 정도로 분열시키는 데까지 이를 수 있다는 사실(엄청난 실패를 겪고 난 뒤라거나, 반동의 물결이 밀려드는 시기에, 또 20차 전당 대회 후나 소련이 부다페스트에 침공해 들어간 뒤, 또 혹은 중·소 분쟁을 앞에 두고), 그리고 그럴 경우 운동 역량과 사상의 영향력을 (민중 운동에 있어서는 물론, 다른 경우에도) 약화시킬 수도 있다는 사실을 강조해 두어야 할 것이다.

이런 이유 때문에 지식인들은 자기들 내부에 대립 속의 통일성을 확립·유지시키고 혹은 재정립시키려는 노력을 해야 한다. 이것은 다시 말해서, 모순과 갈등은 필요한 것이며, 언제든지 일치된 노력으로 어려움을 극복해 갈 수 있다는 것, 그리고 상대방에게 자기의 관점만을 고집하려 할 것이 아니라 두 주장을 보다 심화된 입장에서 이해함으로써 그들 모두를 초월할 수 있는 가능성을 만들어 내는 것이 중요하다는 사실 등을 분명히 함으로써 변증법적 화해를 이루도록 해야 한다는 뜻이다.

이제 우리들의 탐구는 마지막에 가까와 온 것 같다. 지식인이란 전문지식을 소유한 사람이며 그의 주된 모순(직업에서 비롯되는 보편주의와 출신 계급에서 비롯되는 특수주의)에 의해 혜택받지 못한 계급의 보편화 운동에 가담하게 되었다는 것, 그리고 이것은 지배계급이 자기네의 특수한 목적—<자기네의 것도 아닌>, 따라서 자기네가 평가할 권리도 없는—을 위해 지식인을 도구의 수준으로 전락시킨데 반해 이들 혜택받지 못한 계급은 지식인과 근본적으로 동일한 목적을 갖고 있기 때문이라는 것을 우리는 알게 되었다.

이렇게 정의를 내리더라도 여전히 남는 문제가 있다. 그것은 지식인은 누구에게서도 어떤 역할을 위임받은 일이 없다는 사실이다. 노동계급의 눈에는 수상쩍은 자로 보이고 지배계급의 눈에는 배신자로 여겨지는 지식인, 자기 계급을 부정하면서도 결코 거기에서 완전히 벗어날 수 없는 그는, 자기의 모순이 수정되고 심화된 형태로 민중 정당 내부에까지 존재하고 있음을 보게 된다. 이 정당에 가입했을 경우 그 속에서조차 그는 유대감과 소외감을 동시에 맛보는 것이다. 왜냐하면 그는 그 정당 속에서 정치 권력과 언제든지 충돌할 수 있는 잠재성을 가지고 있기 때문이다.

　어디를 가도 그는 〈동화될 수 없는〉 존재이다. 그가 자신의 계급에 대해 아무런 기대를 안 가지듯, 그 계급도 그에 대해 더 이상 무엇을 바라지 않으며, 그렇다고 어떤 다른 계급이 그를 받아주려 하지도 않는 것이다. 그러니 지식인의 〈기능〉에 대해 무슨 말을 할 수 있을 것인가? 지식인이란 차라리 〈불필요한 존재〉, 중산 계급이 어쩌다 〈잘못 만들어낸〉 존재, 자기의 불완전성 때문에 혜택받지 못한 계급의 주변에서 살아가려고 애쓰면서도 결코 그 계급에 끼어들지는 못하는 존재가 아닐까?

　오늘날 많은 사람들이—모든 계층에서—지식인이란 존재하지도 않는 기능을 떠맡으려 드는 자라고 생각하고 있다.

　어떤 의미에서 그것은 사실이다. 그리고 지식인 역시 그것을 너무도 잘 알고 있다. 그는 어느 누구에게도 자기《기능》을 법적으로 확실히 해달라고 요구할 수 없다. 즉 그는 우리 사회의 부산물이며, 그의 내부에 존재하는 진리와 믿음, 지식과 이데올로기, 자유로운 사고와 권위주의적 원리 원칙 사이의 모순은 의도적인 실천의 산물이 아니라, 한 개인이라고 하는 종합적 통일체 속에 서로 충돌하는 구조가 투영됨으로써 생긴 내적 반응의 산물인 것이다.

그러나 조금 더 생각해 보면, 그의 모순이란 인간《각자》의 모순이요, 사회 전체의 모순임을 알 수 있다. 모든 사람이 목적을 상실당한 채, 자기와 무관할 뿐만 아니라 근본적으로 비인간적인 목적의 도구가 되어 있다. 모든 사람이 객관적 사고와 이데올로기 사이에서 분열을 느끼고 있는 것이다. 단지 이러한 모순들은 보통 막연히 느껴질 뿐이며 때로는 기본 욕구에 대한 불만족 상태로, 또 때로는 그 원인을 알 수 없는 〈불안〉(예를 들어 중산계급의 샐러리맨들에게 있는)으로 나타나는 것이다.

그렇다고 사람들이 그것을 괴로워하지 않는다는 말은 아니다. 오히려 그와는 정반대다. 그 때문에 죽기도 하고 돌아버리는 일까지 있는 것이다. 정밀한 방법을 갖지 못한 그들에게는 반성적 자각이 결핍되어 있다. 그리고 사람들은 모두 설령 자기가 그것을 의식하지 못한다 하더라도 이러한 자각—인간을 끔찍한 괴물로 만들어 버리고 노예로 전락시키는 사회를 다시 인간의 손으로 통제할 수 있도록 해 줄—을 지향하고 있다. 지식인은 그 고유의 모순—이것은 그의 〈기능〉으로 바뀐다—에 의해 그 자신과 결과적으로 〈모든 인간〉을 위해 의식을 일깨우는 일을 하게 된다.

이러한 의미에서 볼 때 그는 모든 사람에게 수상쩍은 인간이다. 왜냐하면 그는 〈출발점에 있어서〉 이의를 제기하

• 지식인을 위한 변명

는 자, 따라서 잠재적 배신자이기 때문이다. 그러나 또 다른 의미에서 그는 〈모든 인간을 위해〉 이러한 반성적 자각을 수행하는 것이다. 그리고 그의 〈뒤를 이어〉 모든 사람이 반성적 자각을 수행할 수 있을 것이다. 지식인이 상황적 존재, 역사적 존재인 한, 그가 애써 노력하는 폭로 작업은 자꾸 재생하는 편견과 획득된 보편성이 진행중인 보편화와의 혼동에 의해, 그리고 그의 역사적 무지(즉 그가 가진 탐구 수단이 부족하다는 사실)에 의해 끊임없이 제약받을 것이다.

그러나 **a)** 지식인은 미래의 역사가의 눈에 비칠 모습으로서가 아니라 오늘 〈그 자체로서의〉 사회를 표현한다. 그리고 그의 무지의 정도는 그 자신의 사회를 구조짓고 있는 〈최소한의 무지〉를 나타낸다. **b)** 따라서 그에게는 오류가 없을 수 없다. 오히려 그 반대로 그는 번번이 오류를 범한다. 그러나 그의 실수는 그것이 불가피한 것인 한, 역사적 상황 속에서 소외된 계급 고유의 속성으로 남을 〈최소한의〉 오류를 뜻한다.

자기 내부와 자기 외부에서 자기 고유의 모순에 대항하여 끊임없이 싸우는 지식인의 투쟁을 통하여, 역사적 사회는 〈자기 자신에 관해〉, 아직은 확고하지 못하고 혼란된, 그리고 외부 상황에 규제되는, 하나의 관점을 소유하게 된다. 사회는 그 구조와 목적을 명확히 규정함으로써 자기 자신을 〈실천적으로〉 생각하려 하게 된다.

간단히 말해서, 사회는 지식인이 그 자신의 전문 지식에서 끌어내어 완성시켜 놓은 방법을 토대로 그 자체의 보편화를 시도한다.
　어떻든 지식인은 〈근원적인 목적을 수호하는 자〉가 되는데 이 근원적인 목적이란 인간의 해방, 인간의 보편화, 곧 인간의 인간화를 의미한다. 여기서 우리가 짚고 넘어가야 할 문제가 있다. 즉 실용지식을 가진 전문가는 상부 구조의 말단 관리로서 사회 내에서 일정한 힘을 행사하는 반면 이들 전문가 속에서 생겨난 지식인은 비록 그가 정당 지도부와 연결되어 있는 경우라 할지라도 〈어떤 힘〉도 갖지 못한다는 사실이다. 왜냐하면 이러한 관계는 그에게 또 다른 수준에서 상부 구조의 말단 관리적인 성격을 부여하는데, 그는 원칙상 이것을 받아들이면서도 또한 끊임없이 그것에 이의를 제기하지 않으면 안되며, 선택된 수단과 추구되는 목적 사이의 관계를 드러내 보이는 일을 결코 중단해서는 안되기 때문이다. 그렇게 할 때 그는 증인을 넘어서서 순교자까지 되기도 하는 것이다. 권력은 그것이 어떤 성격의 것이든 지식인들을 자기 선전에 이용하려 들면서도 지식인들에 대해 불신하며, 항상 그들 자신에 의해 그들을 숙청하려 들기 때문이다.
　하지만 무슨 상관이랴. 쓸 수 있고 말할 수 있는 한, 지식인은 지배 계급의 헤게모니를 거부하고 민중조직의 기회주의를 반대하면서 그것들로부터 민중을 지키는 민중 계급

• 지식인을 위한 변명

의 옹호자로 남는 것이다.

어떤 사회가 큰 변동을 겪은 뒤 (패전했다거나 적에 의해 점령당했다거나) 그가 가지고 있던 이데올로기와 가치관을 상실했을 경우, 그 사회는 흔히 그에 대한 별다른 의식도 없이 지식인들에게 모든 것을 청산하고 새로 건설하는 작업을 떠맡긴다. 물론 사회는 과거와 동일한 사회를 재등장시키기 위해 해묵은 이데올로기를 또 다른 이데올로기로 대치시키려 하나 지식인은 이에 응하지 않는다.

그들은 모든 이데올로기를 폐기해 버리고자 하며 노동 계층의 〈역사적 목표〉를 명백히 해주고자 노력한다. 그런 까닭에—일본에서 1950년경에 있었던 일처럼—지배 계급이 다시금 권력을 공고히 다지게 되며, 그들은 지식인더러 의무를 저버렸다고, 즉 해묵은 이데올로기를 〈손질하여〉 상황에 〈적응〉시키지 않았다고 비난하는 것이다 (이것은 다시 말해서 지식인들이 실용지식 전문가라고 하는 일반적 개념에 맞게 행동하지 않았다는 데 대한 비난이다).

같은 순간에 노동 계층도 (생활 수준이 향상되었기 때문이건, 지배자의 이데올로기가 여전히 영향력을 가지고 있기 때문이건, 혹은 자기들 운동의 좌절에 대한 책임을 지식인에게 돌리려고 하기 때문이건) 지식인의 과거 행위를 비난하고 그를 혼자만의 고독 속으로 밀어붙이는 수도 있다 그러나 이 고독은 그의 모순 속에서 탄생된 것이기 때문에 〈그의 운명〉일 수밖에 없다.

지식인이 소외된 계층과 더불어 살아간다고 해도 그는 그 계층의 〈유기적〉 지식인이 될 수 없으며, 그 때문에 고독에서 벗어나올 수 없는 것이다. 운동이 좌절된 경우도 사이비 지식인으로 전락하지 않는 한 공허하고 기만적인 말로 발뺌함으로써 고독에서 벗어날 수는 없다.

사실상 지식인이 소외된 계층과 함께 일해 나간다고 할 때, 이 〈외면적인〉 유대관계가 지식인의 정당성을 의미하는 것은 아니며, 또 반동의 물결이 다가와 지식인이 거의 완전한 고독 속에 갇혀 있다 할지라도 이것이 그가 잘못이다는 것을 의미하지는 않는다. 다른 말로 하자면, 숫자가 얼마인가는 일과 아무런 관계가 없다는 것이다.

지식인의 역할은 〈모든 사람을 위해〉 자기의 모순 속에 살아가는 것이며, 〈모든 사람을 위해〉 근본주의적 태도로써 (말하자면 진리의 기법을 환상과 허위에 적용함으로써) 그 모순을 초극하는 것이다.

그의 고독이야말로 그를 〈민주주의〉의 옹호자가 되게 한다. 즉 그는 부르주아 〈민주주의〉의 제(諸) 권리에 내재하는 추상적 성격을 공격하게 되는데, 이것은 그가 그러한 권리를 없애 버리고 싶어하기 때문이 아니라 거기에다 진정한 민주주의가 가져다 줄 수 있는 구체적 권리를 더하고자—자유와 함수 관계에 있는 진리를 민주주의 속에 구현시키면서—바라기 때문이다.

제 3 부
작가는 지식인인가?

1

 우리는 지식인의 상황을 실용적 지식(진리, 보편성)과 이데올로기(특수주의)의 내적 갈등을 통해 규정해 보았다. 이 규정은 교육자, 학자, 의사 등의 경우에도 적용된다.

 그러나 이 점에 있어서 작가도 지식인이라고 할 수 있을 것인가?

 한편으로 볼 때 우리들은 작가에게서도 지식인으로서의 근본적인 특성들을 많이 볼 수 있다. 그러나 다른 한편으로 볼 때, 작가의 〈창조자〉로서의 사회적 행위는 〈원초적으로〉 보편화와 실용적 지식을 그 목적으로 하고 있는 것 같지는 않다.
 미(美)가 하나의 특수한 폭로의 양식이 될 수도 있겠지만, 아름다운 작품 속에는 그 효과가 매우 약화되어 있는 듯 보이며, 어떤 점에 있어서는 그 작품이 아름다울수록

• 지식인을 위한 변명

그만큼 더 논쟁적 성격은 감소되는 것 같다. 물론, 탁월한 작가들(예를 들어 미스트랄 Mistral*)은 그 작품의 토대를 전통이나 이데올로기적 특수주의에 두고 있는 것 같다. 또한 그들은 체험(그들의 특수한 경험)이나 절대적 주관성(主觀性)(바레스 Barrès**의 <자아>에 대한 숭배와, <베레니스의 정원>에서 적(敵)—야만인들, 기술자들—)의 이름으로 그들이 거기에서 차지하고 있는 지위를 해석하는 것으로서의 이론의 발전을 방해할 수도 있다. 게다가 독자가 작품을 읽고 얻어내는 것을 〈지식〉이라고 부를 수 있을 것인가?

 이러한 지적이 정당한 것이라면, 우리는 작가를 어떤 특수주의를 선택한 사람으로 규정해야 되지 않을까? 작가는 지식인의 속성인 갈등 속에서 살고 있지 않는 사람이라고 말이다.

 지식인이 사회 속으로의 통합을 꾸준히 추구하는데도 결국 고독만을 만나게 되는데 반해, 작가는 애초부터 고독을 〈선

---

*Gabriel Mistral 중남미 작가.

**Maurice Barrès(1862~1923): 프랑스의 소설가, 평론가, 정치가. 自我를 至上價値로 다룬 3부작「自我禮讚 Le Culte du Moi」(야만인의 눈 아래, 자유인, 베레니스의 정원),「뿌리뽑힌 사람들 Les Déracinés」이 대표작이며 그의 철저한 개인주의는 당시의 젊은이들을 매혹시켰다. 특히 「자아예찬」은 시대의 메마른 감수성을 죄로 생각하고 예민한 자기 감각에 거역하는 일체의 他自를 야만족으로 경멸하는 에고티시즘의 윤리서이다. 전통주의, 애국주의의 대표적 작가. 국수주의, 인종차별주의 작가로도 볼 수 있음. 19세기 말의 프랑스의 고뇌를 짊어지고 살아 온 그의 사상은 당시의 문단을 풍미했을 뿐만 아니라 다음 세대에도 많은 영향을 주었다.

택한〉 것이 아닐까? 만약에 그렇다면, 작가는 〈자기의 예술〉 외에 어떠한 임무도 지니지 않고 있다고 할 수 있을 것이다.

그렇지만 작가들이 〈참여하고 있으며〉 지식인과 한 몸이 되어서는 아니더라도 적어도 그들의 곁에서나마 보편화를 위해 투쟁하고 있다는 것은 사실이다.

그것은 그들의 예술과는 무관한 예술 외적 이유(역사적 제반 상황)에서 비롯되는 것일까, 아니면 지금까지 우리가 이야기한 모든 것에도 불구하고 그들의 예술 자체에서 발생하는 필연적 결과일까? 이 문제야말로 지금부터 우리가 함께 검토해 보아야 할 점이다.

2

 글을 쓰는 행위의 역할, 대상, 방법, 목적은 역사의 흐름에 따라 변해 왔다. 그러므로 전체적 일반성 속에서 문제를 고찰할 것이 아니라, 현대의 작가, 즉 2차 세계대전이 끝난 뒤 이제 자연주의가 자취를 감추고, 사실주의는 의문시되고 있으며, 상징주의 또한 그 위력과 싱싱함을 잃어버린 시대에 살고 있는 작가, 자신을 〈산문가〉라고 자처하고 있는 〈시인〉만을 염두에 두기로 하자.

 우리의 이야기를 시작할 수 있는 확실한 출발점으로 삼을 만한 것이라고는 현대 작가(1950년대~70년대)란 〈공통〉의 언어 *langue commune*를 재료로 삼은 사람이라는 사실뿐이다. 이 공통의 언어란 한 사회 구성원들의 모든 진술 내용을 실어 나르는 수레 역할을 하는 것을 의미한다. 우리는 흔히 언어란 〈자기 생각을 표현하는 데〉 쓰인다고 말한다. 그리고 또 우리는 보통 작가의 기능은 〈표현하는 것〉이라고 결론짓듯 말하는 습관이 있다. 다른 말로 해서, 작가란 〈무엇인가 할 말이 있는〉 사람이라는 것이다.

그러나 사람이라면 누구나 무언가 할 말이 있다. 그가 행한 실험을 보고하는 학자로부터, 교통사고에 관해 보고서를 작성하는 교통 순경에 이르기까지 할 말이 없는 사람은 없다. 그런데 세상 사람들 모두가 해야 할 말 중에 작가에 의해 표현되기를 요구하는 것은 하나도 없다.

좀 더 정확히 말해서, 법률, 사회 구조, 관습 (이것은 인류학의 탐구 대상이다), 심리학적 또는 메타 심리학적 과정 *processus*(정신분석학), 〈발생한〉 사건과 삶의 방식(역사학), 이 모든 것 중에서 그 어느 것도 작가가 〈이야기하지 않으면 안될 것〉으로 생각될 수는 없다.

다음과 같이 말하는 사람들을 흔히 본다. 아! 내가 살아온 이야기를 글로 쓸 수만 있다면 그것은 하나의 소설이 될 텐데! 자, 작가인 당신에게 그것을 줄테니 글로 한번 써보시오. 그 순간 반전(反轉)이 이루어진다. 작가를 무엇인가 할 말이 있는 사람으로 간주하던 사람이 동시에 그를 〈말할 것이 아무 것도 없는〉 사람으로 간주하고 있는 것이다.

결국 그들은 그들의 삶을 우리(작가들)에게 주는 것을 아주 당연한 것처럼 여기고 있다. 왜냐하면 그들은 〈중요한 것〉은 (그들에게 있어서나 우리에게 있어서나) 우리가 이야기를 꾸미는 기술을 얼마간 가지고 있다는 것이고, 이야기의 내용은 어디서든 가져올 수 있다고 생각하기 때문이다.

비평가들도 가끔 이러한 견해를 갖고 있는 수가 있다.

예를 들어, 〈빅또르 위고 *Victor Hugo*, 그는 내용을 찾아다니는 하나의 형식이다〉라고 말한 비평가들은 형식은 어떠한 특정의 내용들을 요구하며 그밖의 다른 내용들은 거부한다는 것을 망각하고 있는 셈이다.

3

    이러한 관점에 근거를 주는 것은, 작가는 공통 언어 속에서만—그의 예술을 위한—수단을 가질 수 있다는 사실이다. 결국 〈무엇인가 할 말〉을 가지고 있는 사람은 최대한의 정보를 전달할 수 있으며 동시에 최소한의 비정보 *désinformation* 구조를 포함하는 전달 수단을 강구하게 마련이다.
    예를 들어 그것은 인종학자들의 언어와 같은 기술적 언어 (거기에 쓰이는 단어들은 정확한 규정이 가능하며, 약호는 가능한 한 역사 비정보적 *désinformatrice* 영향들에서 벗어나 있는, 관습적이며 전문화된 언어)가 될 것이다.
    그런데 약간의 비정확성을 가지고 있는 많은 기술적 언어들의 토대를 구성하고 있는 공통 언어는 최대의 비정보들을 지니게 된다. 즉, 단어나 구문, 규칙들 따위는 상호간을 조건화하고 있으며, 이 상호 조건화를 통해서만 실현될 수 있음으로 해서, 말한다는 것은 결국 구조화된 〈특수한〉 협약적 총체로서의 언어 전체를 자극하는 것이다.

이때에 특수성들은 작가가 말하는 대상물에 관한 정보들의 특성이 아닙니다. 그것들은 언어학자에게 언어에 관한 정보가 될 수는 있다. 그러나 의미화의 차원에서 볼 때 그 특수성들은 애매성이나 구조화된 전체로서의 언어가 갖는 한계성 자체와 역사에 의해 부여된 다양한 의미들로 해서 단순히 쓸데없이 남아도는 것이거나 해로운 것이 된다.

간단히 말해서 작가의 〈용어〉는 의미 대상 *signifié* 앞에서 소멸하는 수학적 상징 따위보다 훨씬 더 농도짙은 〈물성 *matérialité*〉으로 이루어져 있다. 그것은 의미를 막연히 겨냥하면서 동시에 자신을 〈현존 *présence*〉시켜 자신의 밀집된 의미에 관심을 끌게 하는 하나의 존재로서 있는 것이다. 이러한 이유로 해서 명명한다는 것은 의미를 〈출현시키면서 *présentifier*〉 동시에 사장시키고 사물을 언어의 집단 속에 파묻어 버리는 것이다.

공통 언어의 어휘는 〈너무 풍부〉하며 또한 〈너무 빈약〉하다. 그 단어의 《생생한 과거》를 구성하고 있는 폭력과 예식, 즉 그 오랜 전통 때문에 단어는 그 개념을 훨씬 뛰어넘는다는 점에서 〈너무 풍부〉하며, 고정된 결정체로서 새로운 것을 표현하는 유연한 가능성이 없다는 점에 있어서 〈너무 빈약〉한 것이다.

정밀과학 등에 있어서는 새로운 것이 출현할 때, 그것을 명명할 말은 몇 사람에 의해 동시에 창조되고 빠른 시일 내에 모든 사람에 의해 채택된다 (虛量, 超限數, 텐서, 엔드로

피, 인공 두뇌학, 작전 계산).

그러나 작가가 지식이나 감정을 전달하기 위해서는 그러한 방법에 의존할 수 없다. 그는 기존의 의미에 새로운 의미를 덧붙이면서 통용어를 사용하고자 한다. 대체적으로 말해서 그는 모든 비정보적 특성이라는 한계성을 내포한 공통 언어〈전체〉를 사용하기로 결심했다고 할 수 있다.

그러므로 작가가 통용어를 채택했다면 그것은 통용어가 지식을 전달할 수 있기 때문만 아니라 지식을 전달하지 않기 때문이기도 하다. 글을 쓴다는 것은 언어를 소유하는 것이면서 (일본의 비평가 중 한 사람은 일본의 자연주의 작가들이 시를 극복하고 신문을 〈획득했다〉는 말을 한 적이 있다) 동시에 언어가 작가와 〈다르며〉, 사람들과 〈다름〉으로 해서 언어를 소유하지 않는 것이기도 하다.

전문 언어는 전문가들의 의식적인 산물이다. 그 협약적 성격은 전문가들의 공시적, 통시적 〈동의〉의 결과이다. 한 현상이 때때로 두 개 또는 그 이상의 말들에 의해 명명되나 시간이 흐름에 따라 그들 중 하나만 남고 나머지는 사라진다. 이러한 의미에서 의문시되고 있는 원리를 연구하는 신진 연구가들도 암암리에 이 동의를 거친다. 그는 사물과 그 사물을 지칭하는 말을 동시에 배우는 것이다. 이러한 이유로 해서 집단적 주체인 그는 〈기술적 언어의 주인〉이다.

반대로 작가는 공통 언어가 그것을 사용하는 사람들의

• 지식인을 위한 변명

상호 〈동의 없이〉, 말하는 사람들에 의해 발전되어 간다는 것을 안다. 즉 공통언어도 협약을 통해 이루어져 있기는 하나, 인간 사회는 여러 다른 집단으로 구성되어 있으며, 사람들이 공통 언어의 여러 다른 양상들의 중개역할을 하듯이 공통 언어도 사람들의 중개역할을 하는 하나의 물성으로서 자율적 영역에서 발전하기 때문이다. 그런데 작가는 이 물성이 독립된 하나의 삶의 영향을 받는 듯하면서도 거기에서 벗어나 있다는 점에 있어서 이 물성에 관심을 가지고 있다.

프랑스어에는 남성과 여성이라는 두 개의 문법적 성이 있다. 그런데 이 두 성은 결국 남자 여자를 지시할 뿐만 아니라 오랜 역사를 거치면서 그 자체로서는 남성도 여성도 될 수 없는 중성인 사물들을 지시하게 되었다. 이 경우 성별상(性別上)의 이분법은 개념적 의미 작용을 가지고 있지 않다. 여성이 남자에 적용되고 남성이 여자에 적용되게 되어 역할을 전도시킬 정도가 되면 그 이분법은 비정보적으로 되는 것이다.

이 시대의 가장 위대한 작가 중의 한 사람인 쟝 주네 *Jean Genet*는 다음과 같은 문장들을 쓰기 좋아했다. "보초와 마네킹 걸의 불타는 사랑들" 〈사랑〉은 단수일 때는 남성, 복수일 때는 여성이다. 보초는 남자이지만 여성, 마네킹은 여자이지만 남성이다. 이 문장은 하나의 정보를 전달하고 있다. 즉 재단사의 작품을 선보이는 한 남자 모델, 여

• 제3부 작가는 지식인인가?

자 모델이 서로 정열적으로 사랑하고 있다는 사실이다.

그러나 이 문장은 그것을 매우 이상한 방법으로 전달하고 있기 때문에 또한 비정보적이다. 즉 남자는 여성화되어 있고 여자는 남성화되어 있다. 이 문장은 거짓 정보를 제공하는 물성에 의해 잠식되어 있다고 할 수 있다. 결국 그것은 감추어져 있는 정보를 더 풍부하게 하기 위해, 정보가 창조된 〈작가의 문장〉이다.

이러한 관점에서 롤랑 바르트 Roland Barthes는 글장이 écrivant와 작가 écrivain를 구별했다.* 글장이는 정보를 전달하기 위해 언어를 사용한다. 작가는 공통 언어의 수호자이나 보다 멀리 나아가며 그의 재료는 비기표(非記標 non-signifiant) 또는 비정보로서의 언어이다. 그는 의미 체계를 수단으로 해서 무의미 체계를 추구하는 작업을 통해 말이라는 재료로 어떤 언어적 대상물을 창조해 내는 기술자

---

*프랑스의 사상가, 문학가. 제도로서의《언어=문화=사회》속에서 은밀하게 사람들에게 작용하고 있는 갖가지 "擬自然"의 암묵의 의미작용을 분석했다. 어떤 종류의 말의 型, 즉 文章態가 발휘하는 숨은 작용을 해명하는 데에서부터 출발하여, 널리 문학・사회의 여러 현상에 숨은 기호(의미)작용을 분석하는 구조주의적 기호학 개척자의 한 사람이 되었다. 그러나 후에 체계적인 기호학에 의심을 품게되어 문학으로서의 기호학이라고 할 수 있는 방향으로 전환했다. 그것은 通念에 대한 비판이 다시 통념이 되는 미묘한 언어적 사고에 대한 그의 독자적인 반응으로, 그 섬세한 知的 자세는 현대사상에 계속 깊은 영향을 주고 있다. 저서에는 「零度의 문학」, 「모드의 체계」, 「문학의 기호학」 등이 있다.

롤랑 바르트는 「비평선집 Essais Critiques」의 한 평론(「작가와 지식인」)에서 이러한 구분을 하고 있다. écrivant은 écrire(글을 쓰다)의 현재분사로서 〈글을 쓰는 사람〉 즉 書士를 가리킨다.

•지식인을 위한 변명

이다.

처음의 논의로 다시 돌아가서, 산문가는 〈무엇인가를 말할 것〉을 가지고 있지만 그것은 표지(標指)될 수 있는 *dicible* 것도, 개념적인 것도, 개념화될 수 있는 것도, 의미화될 수 있는 것도 아니다. 우리는 아직까지 그것이 무엇이며, 그것의 탐색 과정 속에 보편화를 향한 노력이 있는지 없는지 모른다. 우리는 단지 그 대상물은 역사적 민족적 한 언어(자연언어)의 여러 특수성들에 대한 작업을 통해 형성된다는 것을 알 뿐이다. 그렇게 해서 형성된 대상물은 다음과 같은 것이 될 것이다.

1. 상호 통제하는 의미작용들의 연쇄 (예를 들어, 이야기의 〈줄거리〉)

2. 그러나 전체성으로서의 대상물은 그것과는 다르며 그 이상의 것이다. 즉 비기표와 비정보의 풍요성은 의미 작용의 질서 위에서 결국 다시 막힌다.

만약에 글쓰는 것이 〈전달하는〉 것이라면, 문학적 대상은 〈언어를 넘어선〉 전달, 즉 말들에 의해 생산되었다가 말들에 의해 재차 막힌 무의미 작용의 〈침묵〉에 의한 전달로 나타난다. 이러한 의미에서 〈그것은 문학적이 이야기다〉라는 것은 〈당신은 아무 것도 말하지 않기 위해 말한다〉라는 의미가 될 것이다.

이 문학적 대상물이 독자에게 전달해야 하는 이 〈아무것도 아닌 것〉, 즉 침묵의 비(非)지식이 어떠한 것인가 알아보자. 그러기 위한 유일한 방법은, 문학 작품이 지닌 〈의미 작용의 내용〉에서부터 출발하여 그 주위를 둘러싸고 있는 근본적 침묵에로 거슬러 올라가는 일일 것이다.

4

　문학작품의 의미작용 내용은 〈객관적〉 세계(루공-마까르 *Rougon-Macquart**의 사회 뿐만 아니라 라신느나 프루스트 혹은 나탈리 싸로트의 경우처럼 통주관성(通主觀性*intersubjectivité*)**의 객관화된 세계)를, 또는 〈주관적〉 세계(분석이나 거리가 문제되지 않으며 하나의 공범적 집착이 문제가 되는 세계)를 겨냥할 수 있다. 두 경우에 있어서, 그 자체만으로 파악된 작품

---

*발자크의「인간희극」에 비견되는 에밀 졸라 *Emille Zola*(1840~1902)의 「루공 마까르 叢書 *Rougon Macquart*」라는 20권이나 되는 總合小說로,「제2제정 시대에 있어서 한 가족의 자연적·사회적 역사」라는 부제가 붙어 있다. 졸라가 자연주의 문학의 중심적 대작가의 지위를 확보하고, 지금까지도, 세계에 널리 읽히고 있는《목로주점》,《나나》,《제르미날》,《대지》,《獸人》등의 작품은 모두 이 총서 안에 들어 있다. 이 책에서는 일반적으로 생물학, 생리학, 유전의 문제에 대해서 다루면서, 인간이 자연적·사회적 환경의 영향밑에서 조상이 물려 준 신경질환을 이어 받으면서 어떻게 생활하고 어떤 드라마를 전개하는가를 묘사하고, 그 시대의 전체적인 사회사를 묘사한다는 구상으로 되어 있다.

**주관주 *subjectivisme*에서 보편주의 *universalisme*로 넘어가는 통로가 되는 개념. 변증법과 현상학에서 자주 쓰이는 용어이며, 間主觀性, 相互主觀性 등의 譯語도 있다.

내용은 추상적 (그 말이 갖는 원초적 의미에서)이다. 즉 그것을 자율적으로 존재하는 하나의 대상물로 만드는 조건들로부터 분리되어 있다.

첫번째 경우를 보자. 〈있는 그대로〉의 세계를 폭로하려고 기도하거나 몇몇 집단의 통심리학 *interpsychologie*을 보여주려고 하거나 제시된 의미작용의 총체만을 고려해서, 작가는 대상을 〈개관〉할 수 있다는 것을 전제해야 할 것이다.

그러면 작가는 〈고공(高空)의 의식〉을 갖게 될 것이다. 즉 발붙일 데 없는 작가는 세계 위를 활공한다. 〈세계를 인식하기〉 위해서는 세계에 의해 조건지워지지 않기를 요구해야 한다. 통주관적 심리학을 알아내기 위해서는 글을 쓰는 작가로서 심리적으로 조건지워지지 않기를 요구해야 한다. 그런데, 작가에게 있어서 그것이 불가능하다는 것은 말할 나위도 없다.

졸라 *Zola*는 〈졸라가 본 세계〉를 본다. 그가 본 것이 순전히 주관적 환상이라는 말이 아니다. 프랑스의 자연주의는 당대의 제반 과학들을 근거로 하고 있었고 게다가 졸라는 매우 탁월한 관찰자였던 것이다. 그의 작품에서 졸라를 드러내 보여주고 있는 것들로서, 시각, 조명, 강조된 부분과 감추어진 부분, 이야기를 서술해 가는 기술, 일화들의 재단 *découpage* 등을 들 수 있다.

•지식인을 위한 변명

티보테 Thibaudet는 졸라를 〈서사시적〉 작가라 불렀다. 그렇다. 그러나 또한 그를 〈신화적〉 작가라고 불러야 할 것 같다. 왜냐하면 꽤나 자주 그의 주인공들 또한 신화적이기 때문이다. 예를 들어 나나 Nana는 제르베즈 Gervaise의 딸로서 제2 제정기의 유명한 창녀가 된 여자이지만, 그녀는 우선 하나의 신화이다. 즉 짓밟힌 프롤레타리아 출신으로 지배 계급의 남성들에게 자신의 계급의 복수를 하는 숙명적인 〈여인〉인 것이다. 그러므로 그의 작품에서 성적 강박 관념 등을 조사해 보고 죄의식에 의해 혼란된 감정을 찾아보아야 할 것이다.

게다가 졸라의 작품을 자주 접한 사람이 저자 이름을 밝히고 있지 않는 그의 작품을 읽을 경우, 저자가 졸라라는 것을 〈인지하는〉 것은 어렵지 않을 것이다. 그러나 인지한다는 것은 안다(認識)는 것이 아니다.

「부인네의 행복」에 나오는 흰 옷 전시회의 서사-신화적 épico-mythique 묘사를 읽고서 사람들은 〈이건 졸라다〉라고 말한다. 겉으로 나타나 있는 것은 사람들이 알아보는 졸라다. 그러나 졸라는 알 수 없는 불가지(不可知)로서 남아 있다. 왜냐하면 졸라 자신도 자기가 묘사한 사회의 산물로서의 졸라, 사회가 그에게 갖게 해준 시선을 가지고서 사회를 바라보는 졸라는 인식하지 못하고 있기 때문이다.

그는 작품 속에 자신이 들어가 있다는 사실을 전혀 의식하지 않고 있는가? 아니다. 만약에 사람들이 책 속에서 그를 알아보고 존경하는 것을 원하지 않았다면, 이 자연주의 작가는 문학을 버리고 과학 연구를 택했을 것이다. 작가들 중 가장 객관적인 이 작가는 작품 속에서 보이지는 않지만 〈느껴지는〉 현존이 되길 원하고 있다. 그는 그것을 원하고 있으며 게다가 그러지 않을 수 없는 것이다.

반대로 자신과의 완전한 공모 속에서 자신들의 환영(幻影)을 쓰는 작가들은 필연적으로 세계의 현존을 우리에게 제시한다. 세계는 그들을 조건지우고 있으며 사회 속에서 그들이 차지하고 있는 지위가 부분적으로는 그들의 창작 태도를 설명해 주기 때문이다. 즉 그들은 자신과의 완전한 일치 상태에서 자기 작품 속에 부르주아 이상주의와 개인주의를 특수화하고 있는 것이다.

이러한 현상은 어디에서 기인하는가? 제반 정밀과학이나 특히 인류학은 현재의 우리들 세계를 정확히 설명해 주지 못하는데 말이다. 정밀과학과 인류학이 말하는 것은 모두 옳다. 그 밖의 것은 아무 것도 옳지 않다. 그러나 과학적 태도는 그의 대상과의 관계에 인식의 일정한 거리를 전제하는 것이다. 이것은 제반 자연과학(거시 물리학)은 말할 것도 없고 인류학에 있어서도 연구가가 어느 정도 연구대상(민속학, 원시사회 연구, 정밀 방법에 의한 사회구조의 연구, 사회적 행동 유형의 통계적 연구)의 외부에 위치할 수 있느냐에 따라, 적용될 수 있는 것이다. 그러나 그것은 실험자가 객관적으로 실험의 일부가 되어야 하는 미시 물리학에서는 더 이상 옳지 않다.

이 특수한 조건은 메를로 뽕띠 *Merleau Ponty**가 〈세계내 삽입〉이라 명명했고 내가 〈특수성〉이라 불렀던 인간 존재의 주된 사실을 우리에게 돌아보게 한다. 메를로 뽕띠는 또한 "우리들은 보여지기 *visible* 때문에 보는 *voyant* 사람이다"라고 말했다.

이 말은 결국 다음과 같은 것이 된다. 우리는 세계가 배후에서 우리를 〈보는 사람으로 구성했을〉 때만, 즉 결국 〈보여지는 사람으로 구성했을〉 때만 현전(現前)의 세계를 볼 수 있다. 사실상 우리의 존재(우리가 선택한 존재)와 보여질 것으로 드러나는 앞에 있는 존재 간에는 깊은 관련이 있다.

세계는 나의 출생이 지니는 하찮은 특수성에 의해 〈하나의 독특한 모험〉에 나를 던지면서 〈나〉를 생산한다. 세계는 소시민 인텔리 가정의 아들이라는 〈나의 지위에 의해〉 나에게

---

*프랑스의 철학자. 훗설의 사색의 영향을 강하게 받아, 현상학적 記述을 지향하는 그의 입장은, 제2차 세계대전 후 싸르트르, 보브와르 등과 함께 잡지 『현대 *Le temps moderne*』를 창간하여 무신론적 실존주의의 대표적 사상가 중의 한 사람으로 간주되었다. 특히 이 그룹 속에서 정치적 주장을 리드하는 역할을 하고, 공산주의의 문제에 깊은 관심을 표명했으나, 이후 비공산주의적 좌익이라는 사고에 기울어져, 싸르트르 등과 헤어졌다. 그는 「행동의 구조」에서 생물의 행동을 反射로 환원시키는 행동주의를 물리치고, 게슈탈트 학파와 함께 구조의 우위를 인정, 물리학적 모델로 해서 구조를 생각할 것이 아니라 그것을 의미의 통일체로 이해해야 한다고 주장하고 있다.

• 제3부 작가는 지식인인가?

하나의 〈일반적 운명〉(계급의 운명, 가족의 운명, 역사적 운명)을 준다. 이러한 세계 속에서 구성되는 출현을 우리는 〈세계내 존재 être dans-le-monde〉 또는 〈개체적 우주〉라고 부르는 것이다.

그리고 나를 만드는 세계, 거기에서 벗어나고자 하는 기도 자체로서 내가 내재화하는 세계 속에서 죽기 마련이다. 그리고 이러한 외부 세계의 내재화는 내가 나의 내재성을 외재화하는 바로 그 운동 자체에 의해 이루어진다.

이런 이야기는 다른 식으로 표현될 수 있다. 진행중인 전체화의 부분인 나는 그 전체화의 산물임으로 해서 전적으로 그 전체를 표현한다. 그러나 나는 전체화를 담당함으로써만 즉 현전의 세계를 구체적으로 폭로하며 파악함으로써만 그것을 표현할 수 있는 것이다.

라씬느 *Racine*는 작품 속에서 〈폭로된 통주관성〉을 생산하면서 그의 사회 (그의 시대, 제도, 그의 가정, 그의 계급 등)를 생산하고 있는 것이다. 그리고 지드 *Gide*는 나타나엘 *Nathanaël*에게 주는 충고 속에서 또는 일기의 가장 내밀한 페이지들 속에서 자기를 생산하고 조건화하는 세계를 폭로하고 있다.

작가는 다른 사람과 마찬가지로 세계내 삽입에서 벗어날 수 없으며 그의 작품은 바로 개체적 보편의 전형이다.

어떤 작품이든 간에 그것은 보족적(補足的)인 두 면을 가지고 있다. 즉 존재의 역사적 개체성과 목표의 보편성 — 또는 그 반대로 존재의 보편성과 목표의 개체성이 그것이다. 하나의 작품은 필연적으로 세계의 부분이며, 세계의 전체성은 그 부분을 통해서 결코 그대로 폭로되지는 않으면서 〈나타나는 것이다〉.

문학작품이 갖는 이 이중적 양상은 결코 없어지는 법이 없으며 이것이 바로 문학작품을 풍요롭게 하고 모호성과 그 한계성을 부여한다.

이 이중적 양상은 고전주의 작품과 자연주의 작품에 대해서도 전적으로 해당되지 않는 바 아니지만 표면적으로 명백하게 나타나지는 않는다. 오늘날, 이 양상은 문학작품이 감수하는 하나의 특성일 뿐만 아니라, 문학 작품은 그의 개체적 보편의 구조가 일방적 목표제시의 모든 가능성을 파괴시킴으로 해서, 〈동시에 두 차원 위에서 존재하는 것 이외의 다른 목적은 가질 수 없게〉 되는 것이다. 작가는 언어를 사용하는데 그것은 존재와 목표에 있어서 개체적 보편성과 보편화하는 개체성을 동시에 보여주는 이중 열쇠를 갖고 있는 대상물을 생산하기 위해서인 것이다.

하지만 좀더 신중히 생각해 보자. 내가 보편적으로 결정되어 있다는 것을 나는 알거나 또는 알 수 있다. 내가 지금 진행중인 전체화 과정의 한 부분으로서 전체화되어 있으며, 하찮은 몸짓 하나에 의해서도 재전체화하는 역할을

• 제3부 작가는 지식인인가?

수행하게 된다는 사실을 나는 알고 또는 알 수 있다.

몇몇 인문 과학들―맑시즘, 사회학, 정신분석학―은 나의 〈위치〉와 나의 모험의 일반적 경향을 알 수 있도록 해 줄 수 있다. 나는 소시민이며 해군 장교의 아들이고, 아버지 없는 고아였으며, 조부는 의사였고, 외조부는 교수였다.* 1905년부터 나의 공적 학업이 끝난 1929년까지 나는 부르주아 문화를 전수받았다. 나의 유년기의 객관적 여건들에 관련되어 있는 이 사실들은 나에게 몇몇 신경성 반응의 경향을 띠게 했다.

만약 내가 인류학적 관점에서 이 사실들의 총체를 대한다면 나는 나에 관한 어떤 지식, 즉 작가에게 무익하기는커녕, 오늘날의 문학에 의해 요구되는 지식을 획득할 수 있을 것이다. 그러나 이 지식은 창작 과정을 밝히고 그 과정을 외재화(객관화)시키고 작가와 〈현전의〉 세계와의 관계를 좀 더 명확히 하기 위해 요구되는 것이다. 순수한 객관성 속에서 내 자신과 다른 사람들을 인식한다는 것은 그것이 아무리 가치있다 할지라도 문학의 근본적인 대상물을 형성하지는 않는다. 왜냐하면 그것은 개체 〈없는〉 보편일 것이기 때문이다.

반대로 환영(幻影)과의 전적인 공모(共謀)도 마찬가지로 문학의 대상물을 형성할 수 없다. 문학의 대상물을 이루는

―――――――――
*싸르트르의 성장기에 관해서는 싸르트르가 자신을 정신분석하고 있는 그의 저서 「말 Les Mots」을 참조할 것.

것은 작가의 외부로부터 접근하는 것으로서가 아닌 작가에 의해 〈체험된〉 것으로서의 세계내 존재이다.

이러한 이유에서 문학은 점점 더 보편적 지식에 의거해야 하나, 그 지식의 어떠한 부분에 관한 정보도 전달할 필요가 없다. 문학의 주제란 내재화와 외재화의 이중운동에 의해 끊임없이 문제시되는 세계의 통합이다.

즉 부분은 전체의 하나의 결정화 *détermination*일 뿐이며 또한 부분은 전체에 의해서 자신의 결정화를 이루기는 하나, 자신의 결정화를 이루면서 전체를 부정하는 것이다 (*omnis détermination est negatio* : 모든 결정은 부정이다). 그러나 부분은 전체에 통합되어 소멸되는 게 불가능함으로 해서 끊임없이 문제시되는 세계의 통합인 것이다.

〈배후의〉 세계와 〈현전의〉 세계의 구별은 결국 하나로 단일화되는 두 세계의 순환성 *circularité*을 보는 것이어서는 안 된다. 즉, 플로베르 *Flaubert*가 경험한 부르주아지에 대한 증오는 〈부르주아적인 존재〉인 그 자신의 내재성을 외재화시키는 방법이었다. 메를로 뽕띠가 말했던 이러한 〈세계내 주름〉은 오늘날 가능할 수 있는 문학의 유일한 대상물이다. 예를 들어 작가는 다음과 같은 방식으로 개별적인 풍경, 정경, 사건을 복원할 것이다.

1. 작품에 복원된 이 개체들은 전체, 즉 세계의 육화(肉化 *incarnations*)이다.

2. 작가가 그것들을 표현하는 방법은 작가 자신도 똑같은 전체(내재화된 세계)의 또 하나의 다른 육화라는 것을 보여준다.

3. 이러한 극복할 수 없는 이중성은 엄격한 통합을 표명하며, 통합은 생산된 대상물 속에서 자신을 〈내보여〉 주지는 않지만 자주 나타난다. 사실상 인간은 본디 이러한 통합이다. 그러나 그의 현존재는 인간의 통합을 나타내는 것과 똑같은 방식으로 인간의 통합을 파괴한다. 이러한 현존재의 파괴 자체가 통합을 복원하지 않을 것이기 때문에, 작가는 작품의 애매성을 통해 현존재를 이중성의 통합이 불가능한 것으로 느끼도록 의도하는 것이 더 나을 것이다.

작가가 그것을 의식하든 전혀 의식하지 않든, 현대 작가의 목적이 그러하다면, 그의 작품들에 대해서는 다음과 같은 결론들이 가능해진다.

1. 우선, 작가가 근본적으로 말할 〈아무 것〉도 가지고 있지 않다는 것은 옳다. 결국 그의 근본적인 목적은 어떤 〈지식〉을 전달하는 것이 아니다.

2. 그렇지만 작가는 〈전달한다〉. 그것은 작가가 근본적 차원에서 포착된 인간 조건(세계내 존재)을 하나의 대상물(작품)이라는 형식 하에 독자로 하여금 포착하게 한다는 것

• 지식인을 위한 변명

을 의미한다.

3. 그러나 이 세계내 존재는 내가 지금 이 순간에, 여전히 보편을 겨냥하고 있는 어설픈 말들로서 나타나게 하는 것처럼 나타나지는 않는다 (왜냐하면 나는 모든 인간들의 존재 방식으로서의 세계내 존재를 묘사하고 있기 때문이다. 이것은 다음과 같은 말로서 표현될 수 있겠다. 즉 인간은 인간의 아들이라고). 작가는 세계내 존재를 암시적으로 제시하는 애매한 대상물을 생산하면서 자기 자신의 세계내 존재만을 보여줄 수 있을 뿐이다. 이렇듯 독자가 작가와의 사이에 갖는 진정한 관계는 비지식으로 남아 있다. 작품을 읽으면서 독자는 보편적 개체라고 하는 자기 고유의 현실에 간접적으로 되돌아와야 한다. 그는 작품 속에 들어가는 동시에 전혀 작품 속에 들어가지 않기 때문에 자기 자신을 같은 전체의 또 하나의 다른 부분으로서, 그 자신에 관한 세계의 시선의 또 하나의 다른 포착으로서 실현시켜야 된다.

4. 만약 작가가 말할 〈아무 것〉도 가지고 있지 않다면, 그것은 그가 〈전체〉, 즉 부분이 세계내 존재라는 전체에 대해 갖는 개별적, 구체적 관계를 드러내야 하기 때문이다. 문학적 대상물은 세계 속의 인간이라는 이 역설을 증거해야 하는데, 그것은 인간〈들〉에 관한 지식을 줌으로써가 아

니라 (그렇게 하는 것은 작가를 아마추어 심리학자, 아마추어 사회학자 등으로 만들 것이다), 인간 전체에 대하여 구조적이고도 말로 표현이 불가능한 관계로서의 세계 내 존재를 이 세계 안에서 동시에 객관화하고 주관화함으로써이다.

5. 만약 예술 작품이 개체적 보편의 모든 특성을 가지고 있다면, 작가는 마치 자신의 인간 조건이라고 하는 역설을 〈방법〉으로 삼고, 한 대상물 속에 그같은 조건을 〈세계의 한 가운데에서〉 객관화하는 것을 〈목적〉으로 삼고 있는 것처럼 보인다. 이렇듯 오늘날에 와서 미(美)란 사실성 *facticité*으로서가 아닌 작가의 창조적 자유에 의한 산물로서 제시된 인간 조건 이외의 다른 것이 아니다.

그리고 이 작가의 창조적 자유가 전달을 목표로 함에 따라, 독자의 창조적 자유에 호소하게 되며, 독자로 하여금 독서를 통해 작품을 재구성하도록 자극한다 (이것 또한 창조이다). 간단히 말해서 독자로 하여금 자신의 세계내 존재를, 마치 그것이 자신의 자유의 산물인 것처럼 즉, 자신의 세계내 존재를 감수함으로 해서 그것에 대한 책임이 있는 것처럼, 또는 그것이 자유롭게 육화된 세계인 것처럼, 자유롭게 포착하도록 자극하는 것이다.

이렇듯 문학적 예술 작품은 삶에 직접적으로 호소하거나, 감동과 관능적인 쾌락 등에 의해 작가와 독자의 공생을 실현시키려고 하는 생명체일 수는 없다.

문학적 예술 작품은 자유에 호소함으로써 독자로 하여금 자기 자신의 삶(자신의 삶을 왜곡시키고 그것을 참을 수 없는 것으로 만들 수 있는 주위의 환경들을 말하는 게 아니다)을 전담하게끔 한다. 독자를 도덕적으로 교화시킴으로써가 아니라, 반대로 작품을 개체성과 보편성의 역설적 통합으로써 재구성하는 미학적 노력을 독자에게 요구함으로써 자신의 삶을 전담케 하는 것이다.

6. 이리하여 우리는 〈재구성된〉 예술 작품의 전체적 통합은, 부분적으로 지식 위에서는 닫혀 있지만 보편화 작용을 하는 비지식으로서의 세계내 존재의, 말들을 통한, 말들을 넘어선 침묵, 즉 자유로운 육화라는 것을 이해할 수 있다.

그러면 어떻게 해서 작가는 의미화의 방법을 통해 작품의 대상인 근본적 비지식의 대상물을 잉태할 수 있는가, 즉, 어떻게 해서 말들을 가지고서 침묵을 제시할 수 있는가를 알아보자.

이러한 물음은 왜 작가는 공통언어, 즉 가장 많은 양의 〈비정보〉를 지니는 언어의 전문가인가에 대한 물음이 될 수 있을 것이다.

우선 말들은 두 가지 면에서 〈세계내 존재〉와 흡사하다.

한편으로 말들은 희생된 대상물이다. 즉 사람들은 그것들의 의미를 향해서 그것들을 넘어선다. 그 의미들은, 일단 이해되기만 하면 수많은 다른 방법에 의해 즉, 다른 말들로서 표현될 수 있는 다가적(多價的) 언어 도식이 된다.

다른 한편, 말들은 물적(物的) 현실이다. 이러한 의미에서 말들은 그 의미들을 희생시키면서 자신을 드러내고 나타나게 할 수 있는 객관적인 구조를 가지고 있다. 〈개구리〉 또는 〈소〉라는 말은 청각적, 시각적 면모를 가지고 있다. 그것들은 현존이다. 그러므로 말들은 수학적 상징들보다는 훨씬 더 많은 비지식의 중요한 부분을 지니고 있다.

〈개구리가 소만큼 크게 되기를 원한다〉라는 말은, 그 의미와 물질적 상징이 뒤섞여 〈x→y〉보다 훨씬 더 구체적인 형체성 *corporéité*을 지니고 있다. 그러한 물적인 중량에도 〈불구하고〉 작가가 공통언어를 사용하기를 선택한 것이 아니라, 바로 〈그것 (물적 중량) 때문〉에 그러한 것이다.

그의 예술은 말(言)에서 될 수 있는 한, 정확한 의미를 해방시킴으로 해서 그 말의 물성에로 관심을 이끄는 것이다. 그렇게 하는 것은 의미된 사물을 말의 너머에 있게 하고 동시에 이 물성 안에 육화되도록 하기 위해서이다.

그리하여 〈개구리〉라는 말은 실지 개구리와 어떠한 유사성도 가지지 않게 된다. 〈바로 이러한 이유에서〉 〈개구리〉라는 말은 독자에게 개구리의 설명할 수 없는 순수한 물성적 현존을 제시하게 되는 것이다.

우리가 언어의 어떠한 요소를 사용하더라도 반드시 언어 전체가 그의 풍부성과 한계성 속에서 나타나게 되어 있다. 이러한 의미에서 공통언어는 기술적 언어들, 즉 의도적 협약에 의한 산물이기 때문에 각 전문가가 그것의 공저자라고 느끼는 그러한 기술적 언어들과는 다르다.

반대로 공통언어는, 나 자신과는 다른 〈또 하나의 나〉로서의 나에게 전체로서 부과된다. 공통언어는, 다른 사람들에 의해서 그리고 다른 사람들을 위해서 〈그 자신과는 다른 또 하나의 그〉가 되는 사람들의 무의식적인 협약의 산물인 것이다

예를 들어 나 자신으로서의 나는 시장에서 물건의 값이 좀 더 저렴하기를 바란다. 그러나 나의 수요는 값을 올리는 결과를 가져온다. 왜냐하면 상인에게 있어서 나는 다른 모든 사람들과 똑 같은 〈타인〉이기 때문이다. 그러므로 그러한 나는 나의 이익에 반대되는 나를 만든다.

그렇듯 공통언어에 있어서도 내가 그것을 말할 때 동시에 나는 타자로서 그것에 의해 말하여지는 것이 된다. 물론 이 두 사실은 동시에 이루어지며 변증법적으로 연결되어 있다. 내가 〈안녕하세요? 어떻게 지내십니까?〉라고 말하자 마자 나는 벌써 내가 언어를 사용했는가 언어가 나를 사용했는가 모르게 된다.

내가 언어를 사용한다는 것은 나는 다시 만나게 되어 반가운 사람에게 언어의 구체성 속에서 인사하기를 원했다는 의미이고 언어가 나를 사용한다는 것은 나는 단지 나를 넘어서서 나타나는 하나의 담화의 공통점 *lieu commun*을 특수한 어조로서 실현시켰을 뿐이라는 의미다. 바로 그 순간부터 언어 전체가 나타나며 계속되는 대화 속에서 나는 나의 본래의 의도들이 형태소들의 분할된 총체에 의해 굴절되고 제한되고 배반되고 풍부해지는 것을 보게 될 것이다.

이렇듯 이상한 연결방식인 언어는 나와 다른 사람을 〈같은 사람〉 즉 의도적으로 의사소통하는 주체로서 연결시키면서 동시에 〈타자로서의〉 나를 〈타자로서의〉 다른 사람에게 결합시킨다.

작가의 목적은 이 역설적 상황을 제거하는 것이 아니라 오히려 이 역설적 상황을 최대로 개발하여 그의 언어내 존재를 세계내 존재의 표현으로 하는 것이다. 그는 애매성을 일으키는 것으로서의 언어라는 구조화된 전체를 현존화시키는 것으로서의 문장들을 사용한다. 그는 다양한 의미들에 대한 작업을 하며 단어들과 통사론의 역사를 사용하여 표준의 의미 이상의 의미를 창조한다. 그는 언어의 한계성을 쳐부수려고 하기는커녕, 오히려 그것을 사용하여 그가 보편적 의미들을 전달하는 순간에 그의 동국인(同國人)이 아닌 사람에게는 거의 이해될 수 없는 그의 작품으로 하여

• 지식인을 위한 변명

금 민족적 특수주의를 넘어서게 한다.

그러나 그가 비의미작용 *non-signifiant*을 예술의 질료 자체로 삼는다는 것은 어리석은 말장난을 생산하고자 하는 것이 아니며 (말장난에 대한 정열이 플로베르에게서 볼 수 있듯이 문학에의 나쁜 준비만은 아니지만) 그의 세계내 존재를 통해서 나타나는 것과 같은 애매한 의미들을 나타내고자 함이다.

결국 〈문체〉는 어떠한 지식도 전달하지 않는다. 즉 문체는 작가를 생산하고 그의 사실성 속에서 그를 온통 조건지우는 언어를 보여줌으로써 동시에 그의 실용적 개체성을 증거하고 그의 세계와의 관계, 즉 체험을 말들의 물질적 현존 속에 가두기 위해 그의 언어로 되돌아오거나, 어리석음과 애매모호성을 부담하는 모험을 하는 작가를 보여줌으로 해서 개체적 보편을 생산하는 것이다.

〈자아 *moi*는 가증스러운 것이다. 미톤 *Miton*이여, 그대가 그것을 가질 수 있을지는 몰라도 없앨 수는 없다.〉 이 문장의 의미는 보편적이지만 독자는 비의미작용의 개체성(문체) 즉 이 문장에 매우 밀착되어 있어, 독자가 그 개체화작용 즉 이 문장을 생각했던 빠스깔 *Pascal*을 통해서만이 그 의미를 생각할 수 있는 개체성을 통해서 이 문장의 의미를 알게 된다. 문체란 작가의 중개를 통해 자기 자신 위에 개체성의 관점을 취하는 언어 전체인 것이다! 물론 그것은 세계내 존재를 제시하는 하나의 방법 그러나 근본적인 방법일 뿐이다.

그리고 동시에 이용해야 할 작가의 〈삶의 문체〉를 나타내는 수많은 다른 것들이 있다 (유연성, 견고성, 포화와 같은 논박 또는 반대로 학문적 준비로서 천천히 시동을 했다가 급작스런 요약에 이르는 방법 등). 누구나 내가 무엇에 대해 말하고자 하는지 알고 있다. 즉 사람들로 하여금 완전히 알게 하지는 않고 단지 그의 숨결(생존)을 거의 느낄 정도로만 한 인간을 제시하는 모든 특성들에 대해서 말하고 있는 것이다.

7. 이와 같은 언어의 근본적인 사용은 그것이 동시에 의미를 전달하기 위한 것이 아니라면 시도될 수조차 없다. 의미가 없으면 애매성도 없으며, 대상은 말에 깃들 수가 없을 것이다. 그리고 우리들은 요약(함축)에 대해 어떻게 말할 수가 있겠는가? 〈무엇의〉 함축인가?

현대작가의 본질적인 의도는 독자에게 하나의 개체적 보편인 세계내 존재를 발견하게 하기 위하여 공통언어의 비의미작용 요소를 작업하는 것이다.

나는 그 작가의 근본적인 의도를 〈의미의 탐구〉라고 부르기를 제안한다. 그것은 부분 속에 전체성이 현존하는 것이다. 즉 문체는 외재성의 내재화의 차원에 있으며, 그것은 의미작용을 향한 초월의 개체적 노력 속에서, 같은 역사에 의해 개별적으로 형성된 개인에게 나타나는 것과 같은 시

• 지식인을 위한 변명

대의 〈맛〉, 역사적 순간의 〈풍미〉라고 부를 수 있는 것이다.

그러나 그것은 작가의 세계내 삽입만을 나타내기 때문에 근본적이기는 하나 배후에 머물러 있다. 명백한 것은 현전의 세계는 배후의 세계에 의해 조건지워진 시각 아래에 보편적인 것으로 나타남으로 해서 그것은 현전의 세계에 대응하는 의미작용의 총체라는 것이다.

그러나 그 의미 작용들은 준—의미작용들일 뿐이며, 그들의 총체 또한 준—지식밖에 구성하지 못한다. 왜냐하면 〈우선은〉 그 의미작용 *signification*은 〈의미 *sens*〉의 수단들로서 선출되었고 〈의미 속에 뿌리를 박고 있기〉 때문이다 (달리 말해서 그 의미작용들은 문제에 근거하여 구성되고 문제에 의해 표현되는 까닭에 그 기원에서부터 불분명하기 때문이다). 〈다음으로〉 의미 작용들 자체가 보편 속에서 개체성에 의해 분할된 것으로 나타나기 때문이다 (이렇듯 의미작용들 자체는 개체와 보편의 통합과 폭발 상태에 있는 갈등을 동시에 포함하고 있다). 하나의 소설 속에 주어질 수 있는 모든 것은 보편적인 것처럼 나타날 수 있으나 그것은 스스로 폭로되거나 작품의 나머지 부분에 의해 고발되는 거짓 보편성인 것이다.

「국화와의 약속」에서 아키나리*는 다음과 같이 서두를 시작한다. 〈절개가 없는 사람은 쉽게 교제를 맺지만 그것

---

*일본 메이지(明治) 시대의 작가.

은 아주 짧은 순간 동안이다. 그는 한번 절교하면 결코 다시는 당신의 안부를 묻는 법이 없다.〉

 이것은 그 자체만을 생각한다면 보편적인 문장이다. 그러나 〈이 단편 속에서〉 보편성은 거짓이 된다. 우선 그것은 이미 우리가 익히 〈알고 있는〉 무절개한 사람의 정의를 내리고 있는 분석적인 두 개의 판단이다. 그런데 이 문장은 무엇 때문에 여기에 있는가? 왜냐하면 줄거리는 우리에게 무절개에 대해서가 아니라 반대로 하나의 경탄할 만한 절개에 대해 이야기하고 있으며 우리들을 아키나리의 개체성에 투영시키고 있기 때문이다.

 그는 왜 이 문장을 원했는가? 이 문장은 그를 완전히 개조시킬 정도로 그에게 감동을 준 중국 단편 속에 나타나 있는 것이다. 그는 부주의로 이 문장을 놔두었을까? 또는 이야기의 근원을 솔직히 밝히기 위해서일까? 또는 독자로 하여금 친구가 집합 장소에 나타나지 않은 것은 그의 무절개 때문이라고 믿게 내버려두었다가 그 다음에 그 친구의 비견할 수 없는 성실성을 드러내어 또 하나의 경이의 효과를 생산하기 위해서일까?

 어쨌든 이 문장은 간접적으로 문제를 제기하며, 그의 보편적 변모는 이 문장을 거기에 위치시킨 이유들의 개체성과 서로 모순되고 있다. 문체는 배후의 세계에 의한 우리의 보이지 않는 조건의 표현을 구성하며, 의미작용은 그렇게 조건지워져 있는 작가의 〈그 조건을 넘어서〉 현전의 세계의 제반 여건들에 도달하고자 하는 실용적 노력을 구성하고 있다.

8. 이러한 몇 가지 고찰에서 출발하여 우리는 오늘날의 문학작품이 세계내 존재의 두 면모를 동시에 제시하는 임무를 띠고 있음을 확인할 수 있다. 그것은 세계내 존재가 생산했던 개체적 부분의 중개에 의한 세계의 자신 속으로의 폭로 그 자체가 되어야 한다. 그것은 개체성을 발생시키는 것으로서의 보편을 도처에서 제시하고 동시에 보편의 굴절과 보이지 않는 한계성으로서의 개체성을 포착하기 위해서다.

우리는 또한 객관성은 주관의 근본적인 구조로서 매 페이지마다 밝혀져야 하고 반대로 주관성은 객관에 의해 침투 당하지 않은 상태로 어디에나 있어야 한다고 말할 수 있다.

만약 작품이 이 이중 의도를 가진다면 작품이 어떠한 형식 하에 나타나고 있는가, 즉 카프카 *Kafka*의 경우처럼 정확히 상징된 것은 아무 것도 없으면서도 일종의 상징적 성격을 띠는 객관적, 신비적인 이야기의 방법으로 나타나고 있는가 (간접적으로 지식을 주는 은유는 없고 해독할 수 없는 것 안에서 세계내 존재가 체험한 양태들을 끊임없이 지시하는 <기술(記述 *écriture*)>만이 있다) 또는 아라공 *Aragon*의 말기 소설들에서처럼 작가 자신이 직접 이야기 속에 개입하여 그 이야기의 보편성을 넓히려고 하면서 오히려 보편성을 제한시킨다거나 또는 아주 단순하게 푸르스트 *Proust*에서처럼 한 가공의 인물(설화자의 동생)이 심판, 싸움의 당사자, 선동자, 모험의 증인으로서 모험에 뛰어든다거나 또는 개체와 보편의 관계가 수많은 방법들로 고정된다거나 (로브-그리에 *Robbe-Grillet*, 뷔또르 *Butor*, 뺑제 *Pinget* 등*의 작가들) 하는 것들은 그다지 중요하지 않다. 그것은 개별적 작업에 달려 있는 것으로서 우선권을 가지는 형식이란 없는 것이다. 반대를 주장하는 것은 형식주의 (<개체적> 보편의 <한> 표현일 따름인 형식을 보편화하는 태도. 뷔또르의 「변화 *La Modification*」의 <당신 *Vous*>은 그 작품 안에서만 의미를 가지며 거기에서는 완전히 의미있는 것이다)와 동시에 사물주의 *chosisme* (형식이 내용의 내적 단일체일 뿐인데도 형식을 가지

---

*누보 로망 *Nouveau Roman*의 대표적 작가들.
 로브 그리예는 싸르트르나 까뮈에 비해 스케일은 작지만 20세기의 새로운 소설수법을 대담하게 끌어들여 극히 아름다운 소설을 쓰고 있으며, 이를 통해 소설의 혁신을 꾀했다.
 브르통이나 파운드의 영향을 받은 뷔토르는 이성에 의한 통일적 세계상의 파악이라는 철학적 사고와 내면 혼미의 표현인 詩作과의 모순을 해결하여, 자기 삶에 통일을 가져오기를 希求하면서 소설을 쓰기 시작했다. 그의 소설은 모두 평범한 일상적 현실을 소재로 했으며, 이러한 현실을 직시할 때 생기는 수수께끼를 정묘하고 치밀한 형식으로 추구한 것인데, 그 배후에는 사소한 현실에서 시작하여 어떤 의미로는 질서를 발견함으로써 전체성으로 접근하려는 그의 자세가 엿보인다. 또한 소설에 묘사되는 현실, 작가가 살아가는 현실과, 소설 창조라는 작가의 意義 照應 관계에 주목을 계속하는 그의 태도가 작품 내면에 반영되어 그의 소설은, 어느 것이건, 그 심부에 있어서 "소설의 소설"이라는 주제를 보이게 한다.

• 지식인을 위한 변명

고서 하나의 〈사물〉, 레테르, 의식(儀式)을 만드는 태도)에 빠지는 것이다.

그와는 반대로 비지식, 체험의 양식 위에서 〈전체〉를 보고하지 않는 작품으로서 가치있는 작품은 없다. 전체란 완전히 〈인식되지 않은〉 채 〈체험된〉 것으로서의 사회적 과거와 역사적 제반 상황인 것이다. 그것은 개체는 공동체와 그 공통체의 객관적 구조들에 소속되어 있는 비의미작용의 특수화로서만 나타날 수 있으며 반대로 목표된 준의미작용 *quasi-signification*들은 그것들이 특수한 근원에 근거하여 체험된 것으로서만 구체적인 것이 될 수 있는 것으로서 나타날 때, 오직 그 때만이 사회의 객관적 구조로서의 의미를 갖게 된다는 것을 뜻한다. 즉 영원히 도달할 수 없는 객관적 보편은 개체성에서 태어나 개체성을 부인하면서 보존하는 보편화의 노력의 지평선상에 있다.

그것은, 한편에 있어서, 작품은 그 시대 전체, 즉 작가가 살아가고 있는 사회 내에서의 어떤 상황에 대해 해답을 내려야 한다는 것을 의미하며, 작가는 소외, 물질화, 욕구불만, 좌절 등의 모습으로 이 세계 내에 삽입된 그 순간부터 작품의 구상을 시작해야 하며 그가 추구하는 역사적 종합도 어떤 개별 역사의 순간에서 포착된 것이어야만 한다는 것이다.

오늘날 작가가 〈한 세계 *One World*〉 내의 존재라는 형식 하에 그의 세계내 존재를 살지 않는 것, 즉 이 세계의 갈등들(예를 들어 핵무장과 인민 전쟁 즉 인류를 궁극적으로 파괴시킬 수 있는 가능성과 사회주의에로 나아갈 가능성 등)에 의해 영향을 받지 않는다는 것은 불가능하다. 그가 무지와 무능력, 불안 상태에서 경험하는 것과 같은 원자탄과 우주 탐험의 세계를 이야기하지 않으려는 작가는 누구나 이 세계가 아닌 추상적 세계에 대해 말하는 것이 될 것이며 농담가나 협잡꾼일 뿐이다.

이 제반 상황 속에서의 그 자신의 삽입을 보고하는 방법은 중요하지 않다. 매 페이지로 이어지는, 말로 형용할 수 없는 고뇌가 폭탄의 존재를 드러내 주기만 하면 되며 폭탄에 대해 말할 필요까지도 없는 것이다.

반대로 전체화는 비지식 속에서 이루어져야 한다. 삶은 모든 것의 기초이며 자신을 위태롭게 하는 것에 대한 궁극적 부정임으로, 전체화는 수동적으로는 내재화되지 않으며 삶이라는 유일한 중요성의 관점에서 포착되는 것이다.

문학작품의 기초를 이루는 양가성은 말로 *Malraux*의 다음과 같은 문장에 의해 잘 표명되고 있다. 〈삶은 아무 가치가 없다. 그러나 어떠한 것도 삶만큼 가치있는 것은 없다.〉 이 말은, 무차별하게 각각의 삶을 생산하고 짓밟는 배후의 세계의 관점과, 죽음에 대항하여 자신을 투기하며 자신의 자율성 속에서 스스로를 확립시켜 가는 개체성의 관점을 결합시키고 있다.

작가의 참여는 공통언어 속에 포함되어 있는 비정보 부

분을 개발하여, 전달할 수 없는 것(체험된 세계내 존재)을 전달하는 것을 목표로 하며 전체와 부분, 전체성과 전체화, 세계와 그의 작품의 〈의미 sens〉로서의 세계내 존재 사이의 긴장을 유지하는 데 있다.

그는 〈그의 직업 자체 속에서〉 특수와 보편 사이의 갈등과 싸우고 있다. 다른 지식인들이 그들의 직업의 보편주의적 요구들과 지배 계급의 특수주의적 요구들 사이의 갈등에서 그들의 기능이 생겨나는 것을 본 반면에, 작가는 그의 내적 작업 속에서 〈지평선상의〉 삶의 확인으로서의 〈보편화〉를 시사하면서 체험의 차원에 머물러야 하는 의무를 발견한다.

이러한 의미에서 작가는 다른 지식인들처럼 〈우연에 의해서가〉 아니라 본질적으로 지식인인 것이다. 정확히 이러한 이유 때문에 작품 그 자체는 작가로 하여금 이미 다른 지식인들이 딛고 서 있는 이론적—실용적 차원과 떨어져서 위치하기를 요구한다. 왜냐하면 문학 작품은 한편으로 우리를 짓밟는 세계 속에 존재를 (비지식의 차원 위에서) 복원시키는 것이며 다른 한편으로는 삶이라고 하는 것을 절대적인 가치로서 체험적으로 확인시켜 주고, 다른 모든 자유들에 호소하는 하나의 자유를 요구하는 것이기 때문이다.

《옮긴이의 말》

본 역서는 1972년에 갈리마르 *Gallimard* 출판사에서 간행된 싸르트르의 「*Plaidoyer pour les intellectuels*」을 완역한 것이다. 이 책은 본래 저자가 1965년에 일본을 방문하여 행한 강연의 대본이었다. 그러나 양적인 면에서의 적지 않은 분량과 치밀한 논리적 구성으로 이루어진 내용은 이 책을 단순한 강연 대본으로서가 아닌 싸르트르의 주된 사상서 중의 하나로 볼 수 있게 한다.

지식인이란 무엇이며 지식인의 기능과 책임은 어떠한 것이어야 하는가에 대한 많은 논란이 있음을 우리들은 안다. 많은 사람들이 지식인의 책임과 역할을 강조하고 비판하고 있다. 특히 외세의 침입과 민족간의 갈등을 안고서 변화해 온 우리 나라의 현대사에서 지식인의 역할은 여러 관점에서 강조되어 왔다. 혹자는 지식인들의 공헌을 찬양했고 혹자는 그 비겁성을 통탄했다.

그러나 그 모든 단편적인 의견들은, 어떠한 사회 안에서 지식인들이 처하게 되는 상황과 고통과 책임을 전반적으로 밝혀 주기에는 부족한 것이다. 특히 4.19로부터 현재까지

• 지식인을 위한 변명

　많은 지식인들이 시련을 겪고 있으며, 외부에서의 억압과 함께 지식인들 스스로가 많은 회의와 좌절에 빠져 있음을 볼 때 지식인의 역할에 대해서 다시 한번 생각해 보는 것은 의의있는 일이라 할 수 있겠다.
　이 책은 지식인이 처해 있는 특수한 상황과 모순을 분석하고, 그 모순의 극복을 통해, 지식인의 참다운 기능은 무엇이 될 수 있는가를 밝혀 주고 있다.
　지식인이란 사회 계급적으로 중간 계급에 속해 있음으로 해서 필연적으로 불우한 의식을 가진 자일 수밖에 없다. 지배 계급은 지식인을 지배 수단을 연구하는 단순한 기능인으로밖에 여기지 않으며, 지식인에게 문화보전과 전수의 관리인으로서의 역할밖에 위임하지 않는 것이다. 그들의 입장에서 볼 때는 지식인이란 일종의 〈필요악〉이다. 피지배 계급의 입장에서 보면 지식인이란 지배 계급의 앞잡이로 전락되기도 한다. 이러한 관점에서, 지식인은 어떠한 사회 계급에 의해서도 그의 진정한 기능을 위임받은 것이 없다. 이러한 지식인이 사회의 모순에 대해 비판할라치면 그는 〈자기와 무관한 일에 참견하려 드는 자〉가 된다.
　지식인에 대한 이러한 비난은 정당한 것인가? 〈자신의 권한 바깥에까지〉 관여하려고 함으로 해서 지식인의 진정한 기능의 원초적인 형태가 싹트지 않겠는가?
　싸르트르는 이러한 관점에서 지식 전문가와 지식인을 구별하고 있다. 지식 전문가란 지배 계급이 제시하는 기존적 (既存的) 이데올로기의 허구를 깨닫지 못한, 지배 계급의

• 옮긴이의 말

통치수단으로서만 존재하는 자일 것이다. 우리는 그들을 지배계급의 이데올로기적 〈특수주의〉의 앞잡이라고 부를 수 있을 따름이지 지식인이라고 부를 수는 없다. 왜냐하면 그들은 지배자의 이데올로기를 과학적이고 보편적 법칙인 양 신봉하고 있기 때문이다.

그러나 이러한 지식 전문가로부터 지식인은 태어난다. 자신의 연구분야에서 보편적 법칙과 진리를 얻은 지식 전문가가 그 진리를 사회와 인간 전체에로 보편화시키려고 하는 과정에서 그는 지식인이 되는 것이다. 이때에 그가 지향하는 보편성은 지배 계급과 그 자신의 계급의 〈특수주의〉를 파괴하려는 경향을 지닌다. 그리하여 지식인은 자기 내부와 사회 속에, 진실에 대한 탐구와 지배자의 이데올로기 사이에는 갈등이 존재하고 있다는 것을 깨닫게 된다. 지식인이 빠지게 되는 모순과 갈등은 위와 같은 〈특수주의〉와 〈보편주의〉와의 갈등에서 비롯되는 것이다.

적어도 현대의 지식인은 자신의 계급과 보편적 진리가 유기적으로 통합되어 있다는 환상을 가질 수 없게 되었다. 그 자신의 존재 자체가 사회적 불평등성의 증거가 되고 있는 것이다.

그러나 그러한 모순이 있음으로 해서 지식인은 오히려 그의 참다운 기능을 갖게 된다고 싸르트르는 역설한다. 지식인의 내부의 갈등이 사회의 불평등성과 세계의 갈등을 그대로 증거한다는 사실로써, 지식인은 결국 그 사회가 만들어낸 역사적 산물인 것이다. 세계의 갈등이 자신의 내부

• 지식인을 위한 변명

속에 내재화되어 있음으로 해서 지식인은 세계의 모순에 참여할 수밖에 없다.

보편성의 탐구는 〈특수주의〉의 파괴를 수반할 수밖에 없기 때문에 지식인은 자신의 계급과 지배 계급의 허위를 폭로하고, 기존 질서와 이념을 파괴하고 전복하는 기능을 수행하게 된다.

이와 같은 기능을 수행하는 지식인은 영원한 자기 비판을 할 수밖에 없다고 싸르트르는 말한다. 지식인이 진리로써 택할 수 있는 객관적 관점은 소외되고 억압된 피지배 계급의 측면에서 보는 관점이기 때문이다.

작가도 그 내부 속에 〈특수주의〉와 〈보편주의〉와의 갈등을 지닐 수밖에 없음으로 해서 지식인과 같다. 작가의 기능은 인간의 가치를 억압하고 파괴하는 모든 기존 질서 체계를 폭로하고 고발하는 것이다.

일생을 통해 기존 지배 계급을 비판하고 고발하면서 지식인과 작가와 함께 일선에 서서 싸워 온 싸르트르에게 우리는 그의 참된 역할을 다하고자 했던 지식인의 일례를 찾아볼 수 있다고 생각한다.

싸르트르는 1905년 파리의 한 중산층 가정에서 태어났다. 작품「말 *Les Mots*」에서 자기 집안의 내력과 유년시절을 밝히고 있는 그는 이 작품을 통해 부르주아 〈가족의 연극〉을 폭로한다. 선의의 속임수에 의한 희생자이며 아울러 속임수를 쓰는 하나의 공범자, 〈거짓 아이〉였던 싸르트르는 자

● 옮긴이의 말

기 자신의 진실에 접근하기 위하여 부르주아의 자기 기만을 부정하게 된다. 부르주아의 희극이나 자기 기만에 대한 풍자와 비판은 싸르트르의 전 작가생활을 통해, 특히 「구토 *La Nausée*」, 「지도자의 유년시절 *L'Enfance d'un Chef*」, 「공손한 창부 *La Putain respectueuse*」를 통해서 수행되고 있다.

  자기 자신의 진실한 삶을 찾아 자신의 계급을 비판하기를 거부했던 싸르트르에게 제2차 세계대전과 그 전쟁 중에 겪었던 포로 수용소 생활과 레지스땅스 운동은 커다란 영향을 주게 된다.

  전쟁은 그에게 역사성과 연대성을 동시에 보여주었던 것이다.

  그 당시 싸르트르가 몰두했던 것은 연극의 창작이었는데, 연극이란 공통 상황을 잘 부각시켜 주는 〈집단적이고도 종교적인 위대한 현상〉이라고 그는 생각했기 때문이다. 이때 나온 중요한 작품으로서 우리는 「파리떼 *Les Mouches*」를 들 수 있다. 그 작품은 독일의 점령에 굴종하고 있는 프랑스인들과 독일에 협력하고 있는 지식인들에 대한 고발을 일차적인 목표로 했었지만, 좀 더 일반적인 면에서 볼 때 인간과 그 자유와 지배 권력의 관계를 다루었던 것이다.

  「파리떼」에 관해서 싸르트르는 다음과 같은 세 가지 점을 밝히고 있다. 첫째, 내면의 자유란 허식에 불과하며 그것은 언제나 이론적이고 정신적일 뿐이다. 인간은 자신이 세계를 자유롭게 할 수 있을 때에만 진정으로 자유롭다. 둘째, 자유란 오직 행위 속에 있다. 셋째, 그 행위의 목적

• 지식인을 위한 변명

은 인간 근원적인 본질과 일치하는 것이다. 즉, 인간은 자유 그 자체이다.

종전 후, 싸르트르는 문학과 철학에 관한 집필을 계속하면서 그 사상을 전파하고 활동을 조직화하여 적극적으로 행동하기 시작한다. 그는 사회주의 속에서 그의 모든 사상과 이념을 실현할 수 있는 조건을 발견했던 것 같다. 개인의 의식이 대중을 통하지 않고서는 세계에 도달할 수 없으며, 사물에 대한 참된 관점은 바로 프롤레타리아 계급의 관점이라는 것을 깨닫고서 그는 공산당을 현실적으로 함께 일할 수 있는 유일한 무대로 삼았다. 그러나 그와 공산당은 원초적인 문제에 있어서는 일치했지만, 많은 갈등과 논쟁을 겪게 된다. 사회주의 혁명과 함께 인간으로서의 존엄과 개성을 간직할 수 있도록 허용되어야 한다는 그의 도덕적 이상은 공산주의와 화합할 수 없는 갈등을 일으켰던 것이다. 특히 싸르트르가 공산당에 대해서 강력하게 힐책했던 것은 스탈린적 공산주의였음이 분명하다.

이상과 같은 그의 모든 활동에서 우리는 어떠한 일관성을 찾아볼 수 있다 하겠다. 그는 인간의 가치를 말살하고자 하는 모든 억압체제에 대해서 반발하고 거부했던 것이다. 그리하여 그는 인간에 대한 억압이 자행되고 있는 모든 현장에 서서 지식인으로서의 비판적 기능을 성실히 수행하고자 했다. 제2차 세계대전 때에는 독일의 점령에 대항해서 레지스땅스 운동을 했으며, 알제리 전쟁 때에는 잔혹한 식민정책을 자행하는 조국 프랑스에 대항해서 싸웠

• 옮긴이의 말

고, 냉전체제 속에서는 미국과 소련 양대 진영의 식민정책을 비판했으며, 인도차이나 전쟁 때에는 프랑스와 미국을 비난했고, 체코 침공을 한 소련을 비난했던 것이다.

　이상과 같이 간략히 살펴 본 싸르트르의 일생에서 우리는 많은 교훈을 얻을 수 있다고 생각한다. 그는 지식인이 얼마나 끝없는 투쟁을 계속해야만 할 위치에 있는가를 보여주고 있다.
　그러나 그의 행동과 사상이 꼭 우리의 것이 그대로 될 수 없음은 물론이다. 왜냐하면 그의 상황과 우리의 상황은 다르기 때문이다. 싸르트르의 말대로 지식인의 행동은 결국 구체적인 조건하에서 구체적인 행동이 되어야 하는 까닭에, 우리들은 현재의 우리의 구체적인 상황에서 행동해야 할 것이다. 만약에 외적 억압과 내적 갈등이 있다 할지라도, 출구는 만들어져 주어지는 게 아니라 우리 스스로 만들어야 할 것이기 때문이다.
　끝으로 번역상 표현하기 곤란한 부분들이 몇 군데 있었지만 적당한 번역문귀를 찾기 위해 역자의 최선을 다해 보았다고 생각한다. 이 책이 우리 모두에게 적지 않은 도움이 되었으면 하는 마음 간절하다.

한 마 당 글 집 1
지식인을 위한 변명
....
1979년 초판 발행
2006년 1월 30일 개정판 5쇄
2008년 1월 15일 개정판 6쇄
지은이: 장폴 사르트르
옮긴이: 조영훈
펴낸이: 최필승
펴낸곳: 한마당출판사
주소: 서울 송파구 잠실본동 175-2 위너스 오피스텔 A동 812호
등록: 1979년 2월
등록번호: 제1-515호
전화: 422-6246, 422-6248
팩스: 422-6201
홈페이지: www.hbook.co.kr
값: 6,800원
* 잘못된 책은 구입하신 곳에서 바꾸어드립니다.